BIBLIOTHÈQUE

RELIGIEUSE, MORALE, LITTÉRAIRE,

POUR L'ENFANCE ET LA JEUNESSE,

APPROUVÉE

PAR S. E. LE CARDINAL ARCHÉVÉQUE DE BORDEAUX,

DIRIGÉE

PAR M. L'ABBÉ ROUSIER.

ALBUM
DES VOYAGES

ANCIENS ET MODERNES

ÉDITION ILLUSTRÉE DE PORTRAITS DES DIFFÉRENTS PEUPLES DE LA TERRE.

PAR

M. L'ABBÉ PAUL JOUHANNEAUD,

Chanoine honoraire, Directeur de l'œuvre des Bons Livres.

LIBRAIRIE DES BONS LIVRES.

LIMOGES	PARIS
CHEZ MARTIAL ARDANT FRÈRES	CHEZ MARTIAL ARDANT FRÈRES
rue des Taules	quai des Augustins, 25.

1854

ALBUM

DES VOYAGES

ANCIENS ET MODERNES.

AMÉRIQUE.

COLOMB.

CHRISTOPHE COLOMB, auquel on doit la découverte de l'Amérique, fut longtemps traité de visionnaire par les souverains auxquels il s'adressa pour obtenir dix vaisseaux. Enfin, Ferdinand et Isabelle, qui régnaient en Espagne, lui en confièrent trois, et en trente-trois jours il découvrit l'île de Guanahani. De retour en Espagne, on lui confia une flotte de dix-sept voiles, avec lesquelles il fit la découverte de la Jamaïque et la fondation de Saint-Domingue.

Victime de ces délations odieuses qui s'acharnent trop souvent contre la gloire, il fut chargé de fers et renvoyé en Espagne : après quatre ans de détention il retourna en Amérique pour y découvrir le continent; puis revint à Valladolid, où il mourut. Le Florentin Améric Vespuce eut l'honneur de donner, à son préjudice, le nom d'AMÉRIQUE à cette partie du monde que le génie de Christophe Colomb avait su deviner et conquérir.

PROLOGUE DU JOURNAL DE COLOMB.

« *In nomine Domini nostri Jesu Christi.* Gloire à vous, très chrétiens, très hauts, très excellents et très puissants princes, roi et reine des Espagnes et des îles de la mer, nos souverains, qui, dans la présente année 1492, avez si glorieusement terminé la guerre contre les Maures, dont la domination pesait encore sur l'Europe, et les avez chassés par la force des armes de la superbe Grenade, où, le 2 janvier de cette même année, je vis flotter les bannières royales de Vos Altesses sur les tours de l'Alhambra, la citadelle orgueilleuse, et le roi maure sortir humblement de la cité, et baiser les mains de Vos Majestés et de Monseigneur le Prince! Dans ce même mois, vous souvenant des renseignements que j'avais donnés à Vos Altesses sur les terres de l'Inde et sur un prince qui est appelé le Grand-Khan, ce qui veut dire roi des rois, dont les prédécesseurs, ainsi que lui-même, avaient envoyé plusieurs fois à Rome pour demander des docteurs de notre sainte foi qui pussent les instruire des vérités de l'Evangile, sans que le Saint-Père leur en eût jamais envoyé; déplorant l'aveuglement de tant de peuples plongés dans l'idolâtrie et livrés à des doctrines de perdition, Vos Altesses, comme princes catholiques, amis et

propagateurs de notre sainte foi, et ennemis de la secte de Mahomet, ont résolu de m'envoyer, moi Christophe Colomb, dans les
susdites contrées de l'Inde, à l'effet de voir les susdits princes, et
le pays et les habitants, et d'examiner le caractère et la nature de
tous, et les moyens à prendre pour leur conversion à notre sainte
religion, et ont voulu que j'allasse en Orient, non par terre,
comme c'est l'usage, mais par mer, en gouvernant droit à l'ouest,
route que, jusqu'à présent, on ne sache pas que personne ait
suivie. Vos Altesses, ayant chassé tous les Juifs de leurs royaumes,
m'ont ordonné, dans ce même mois de janvier, de me rendre, avec
un armement convenable, dans les susdites parties de l'Inde, et
m'ont, à cet effet, conféré de grandes faveurs, m'anoblissant, de
sorte qu'à l'avenir je pourrai m'appeler Don; me nommant grand-
amiral de l'Océan, et vice-roi et gouverneur de toutes les îles et
continents que je découvrirais, et qui, par la suite, pourraient
être découverts dans l'Océan, voulant que mon fils aîné me suc-
cédât, et ainsi de suite, de génération en génération, à perpétuité.
Je partis en conséquence de la ville de Grenade le samedi 12 mai de
la même année 1492, pour me rendre à Palos, où j'armai trois
vaisseaux, et, le vendredi 3 août de la même année, une demi-
heure avant le lever du soleil, je levai l'ancre, ayant à bord
d'abondantes provisions et un bon nombre de matelots, et je fis
voile vers les îles de Vos Altesses nommées les Canaries, pour de
là naviguer à l'ouest jusqu'à ce que j'arrive aux Indes, et que je
puisse remettre votre message aux princes de ces riches contrées,
et accomplir les ordres de Vos Altesses.

» A cet effet, je me propose de relater très exactement, pendant
le voyage, tout ce que je pourrai faire, voir et éprouver, écrivant
chaque nuit ce qui se sera passé dans le jour, et chaque jour la
navigation de la nuit; et, en outre, je me propose de dresser une
carte sur laquelle je tracerai les eaux et les terres du Grand-Océan,
ayant soin de déterminer exactement leur position avec la latitude
équinoxiale et la longitude occidentale, et je joindrai à cette carte
une description détaillée par écrit. Mais surtout je devrai renoncer
au sommeil, afin de donner toute mon attention à la navigation;

et pour mener à fin cette immense entreprise, il me faudra un grand courage et de grands efforts. »

Ce fut donc le vendredi 3 août 1492 que Christophe Colomb, avec trois caravelles, *la Sainte-Marie, la Pinta* et *la Nina*, et 90 hommes seulement, partit pour aller faire ces immortelles découvertes qui devaient changer la face du globe.

On avait fait plus de mille lieues, et l'on ne découvrait rien, rien que la mer avec son horizon sans bornes. De temps à autre pourtant quelques pronostics toujours trompeurs venaient, pour un instant, ranimer leur courage ; vingt fois ils s'étaient crus à la veille de toucher la terre, vingt fois leur espérance avait été déçue. Aussi le découragement s'était emparé des plus intrépides ; la révolte finit par éclater ouvertement sur la petite flotte, et Colomb eut à essuyer les plus violents outrages de la part de gens exaspérés par l'idée d'une mort certaine ; sa vie même courait à chaque instant d'imminents dangers.

Cependant ils virent flotter près d'eux une branche d'épine encore fleurie ; ils tirèrent de l'eau un morceau de bois travaillé. Plus de doute cette fois, la terre était proche. Du plus profond découragement on passa à la joie la plus vive, et pendant tout le jour chacun fut aux aguets dans l'espoir de découvrir le premier cette terre tant désirée. Colomb fit faire des prières, et ordonna aux pilotes de se tenir constamment sur leurs gardes.

DÉBARQUEMENT DE COLOMB.

Ce fut le 12 octobre 1492, un vendredi, que Colomb contempla pour la première fois le Nouveau Monde. A peine débarqués, Colomb et tous ses matelots se prosternèrent, en versant des larmes de joie, pour rendre grâces à Dieu de l'heureux succès de leur voyage. Se relevant bientôt, Colomb déploya l'étendard royal, et, au nom du roi et de la reine de Castille, il prit solennellement possession de l'île, à laquelle il donna le nom de San-Salvador. Les équipages lui prêtèrent serment d'obéissance en la double qualité d'amiral et de vice-roi. Cet étranger, que naguère encore ils traitaient avec tant de mépris, était devenu le plus grand de tous les hommes ; les plus mutins se montrèrent ses plus dévoués, ses plus enthousiastes admirateurs. La joie était à son comble et se manifestait par les transports les plus extravagants.

Les habitants de l'île, apercevant les vaisseaux qui s'avançaient voiles déployées, et les prenant pour des monstres ailés sortis du sein de la mer, s'étaient rassemblés en foule sur le rivage, épiant avec anxiété leurs moindres mouvements. Quand ils virent approcher les chaloupes, et des êtres d'une nature inconnue descendre sur le rivage, ils s'enfuirent effrayés dans les bois. Mais bientôt ils se remirent de leur première terreur, et on les aperçut revenir à pas timides en donnant des marques de respect et d'adoration. D'abord ils contemplèrent avec un muet étonnement le teint, la barbe, l'armure éclatante, les riches vêtements des Espagnols ; puis, prenant peu à peu de l'assurance, ils s'en approchèrent, touchèrent leur barbe, examinèrent leurs mains et leur figure, dont ils admiraient la blancheur. Ils les regardaient comme des habitants des cieux, et croyaient que leurs vaisseaux sortaient du firmament de cristal qui bornait leur horizon.

Les naturels n'attiraient pas moins la curiosité des Espagnols. Ils étaient entièrement nus, et peints de la manière la plus bizarre, les uns au visage, au nez ou autour des yeux seulement, les autres par tout le corps ; leurs cheveux étaient noirs et épais, liés autour de la tête en forme de tresse, ou flottants sur leurs épaules ; ils avaient la taille dégagée, le teint cuivré, les traits agréables, le front large et les yeux d'une beauté admirable. Ils ne connaissaient pas le fer et n'en soupçonnaient pas même les propriétés ; car, voyant des armes de ce métal, il leur arriva plusieurs fois de les prendre par le tranchant et de se faire des blessures dont ils paraissaient fort surpris. Ils n'avaient pour toutes armes que des javelines d'un bois durci au feu, dont la pointe était armée d'un caillou ou d'un os de poisson. Leurs pirogues étaient des troncs d'arbres creusés ; les unes ne pouvaient contenir qu'un homme, d'autres en contenaient jusqu'à quarante ou cinquante. Ils les dirigeaient avec une adresse merveilleuse à l'aide de pagayes, rames en forme de pelle, et, si elles venaient à se renverser, ils se jetaient à l'eau, les relevaient sans la moindre peine, les vidaient avec des calebasses, et s'y replaçaient on ne peut plus agilement.

Ils se montraient avides des moindres colifichets qu'ils pouvaient obtenir, et auxquels ils attachaient une valeur surnaturelle, dans l'idée qu'ils venaient du ciel. Ce qui paraissait surtout les charmer, c'étaient de petites sonnettes qu'on leur attachait aux jambes et au cou. Ils donnaient en échange des perroquets qui vivaient apprivoisés au milieu d'eux, et du coton, dont ils livraient jusqu'à vingt-cinq livres pour quelques morceaux de verre ou de faïence.

L'attention des matelots se porta particulièrement sur une espèce de feuilles jaunes que les habitants portaient comme collées au bout du nez, et qu'on reconnut bientôt pour de l'or. Colomb leur demanda d'où venait cet ornement; ils lui répondirent par signes en lui montrant le midi, et l'amiral crut comprendre que de ce côté se trouvaient des régions où abondaient l'or et les pierres précieuses. Quelque hâte qu'il eût d'aller à la recherche de ces pays fortunés, il voulut cependant reconnaître sa première conquête. Il passa devant deux ou trois villages, dont, à son approche, tous les habitants accoururent sur la côte, se prosternant comme pour adorer les Espagnols, qui leur semblaient des êtres surnaturels, et les invitant par signes à descendre à terre. Mais Colomb pressa sa reconnaissance et partit dès qu'il eut renouvelé ses provisions, impatient de poursuivre ses découvertes si heureusement commencées, et surtout d'arriver aux montagnes d'or, objet de tous ses travaux.

MŒURS DES HABITANTS D'HAITI. CROYANCES ET SUPERSTITIONS.

Laissons Colomb parcourir les montagnes d'or du Cibao, but de son excursion, l'objet de tous ses rêves, pour nous occuper quelques instants des naturels.

Les habitants d'Haïti avaient quelques croyances, mais vagues et simples comme leurs mœurs. Ils croyaient à un être suprême, immortel, tout-puissant et invisible, qui habitait le ciel; ils lui donnaient une mère, mais point de père. Dans leurs prières ils ne s'adressaient jamais directement à lui, mais à des divinités inférieures nommées *Zemès*, placées comme des médiatrices entre le ciel et la terre. Chaque cacique avait son Zemé, dont il conservait l'image dans un temple particulier, et qu'il consultait dans toutes ses entreprises. Cette image était le plus souvent quelque monstre hideux grossièrement sculpté en bois ou en pierre. Chaque famille, chaque individu avait aussi son Zemé particulier ou génie protecteur. Ils les plaçaient dans toutes les parties de leurs maisons ou les gravaient sur leurs meubles; ils leur attribuaient le gouvernement de toutes choses, et pensaient que leur influence s'étendait sur les saisons et les éléments.

Ces peuples n'avaient sur la création que des idées confuses; ils croyaient leur île la plus ancienne de toutes. Ils croyaient que le soleil et la lune étaient sortis d'une caverne que l'on voit encore aujourd'hui à quelques lieues du Cap-Français. Cette caverne est très profonde et très élevée, mais fort étroite; elle n'est éclairée que par l'entrée et par une ouverture pratiquée dans la voûte, et c'est par là que sont sortis le soleil et la lune.

Les hommes, suivant eux, étaient sortis d'une autre caverne, les grands par une large ouverture, les petits par une étroite crevasse.

Les Haïtiens avaient aussi une tradition sur le déluge universel, et elle n'est pas moins bizarre que les précédentes.

Il y eut jadis dans l'île un cacique redoutable qui tua son fils unique pour avoir conspiré contre lui. Il rassembla ensuite ses os et les renferma dans une gourde pour les conserver, suivant l'usage de ces peuples. Quelque temps après, le cacique et sa femme, voulant contempler les restes de leur fils, ouvrirent la gourde; mais, à leur grand étonnement, ils en virent sortir plusieurs poissons de différentes grosseurs. Le cacique se hâta de refermer la gourde et la plaça sur sa hutte, se vantant d'y tenir la mer en prison et d'avoir du poisson tant qu'il en voudrait. Mais quatre frères jumeaux qui avaient entendu parler de cette gourde, poussés par un sentiment irrésistible de curiosité, voulurent, pendant l'absence du cacique, essayer de voir ce qu'elle renfermait. Dans leur empressement, ils la laissèrent tomber par terre. Elle se brisa, et il en sortit un torrent impétueux, entraînant dans son cours des dauphins, d'énormes requins, de monstrueuses baleines. Ce torrent ne cessa de couler que lorsqu'il se fut répandu par toute la terre et qu'il eut formé l'Océan, ne laissant à découvert que le sommet des montagnes, qui sont les îles actuelles.

Les habitants d'Haïti avaient une singulière manière de traiter les malades et les morts. Dès qu'on désespérait de la vie du cacique, on l'étranglait par respect, pour lui épargner la honte de mourir comme tout le monde. Quand un homme du peuple était à la dernière extrémité, on l'étendait dans son hamac, on mettait à sa tête du pain et de l'eau, et on le laissait ainsi mourir; ou bien on le portait devant le cacique, et si celui-ci voulait y consentir, on faisait au malade l'honneur de l'étrangler. Lorsqu'un cacique était mort, on ouvrait son corps et on le faisait sécher au feu pour le conserver. De tout autre, on ne gardait que la tête ou quelque membre.

Ils avaient une idée vague de l'existence de l'âme après sa sortie du corps. Les morts apparaissaient pendant la nuit, ou même pendant le jour, à des voyageurs isolés; ils s'avançaient comme pour les attaquer; mais dès qu'on faisait signe de les frapper, ils s'évanouissaient, et on ne frappait que les arbres et les rochers.

Ils croyaient à un lieu de délices où les esprits des bons, après leur mort, allaient se réunir à leurs ancêtres et à tous ceux qu'ils avaient aimés. Ils pensaient que les âmes demeuraient cachées pendant le jour sur le sommet inaccessible des montagnes, et que, la nuit, elles en descendaient pour manger le mamey : aussi se gardaient-ils bien d'y toucher, de peur de priver de leur aliment favori les âmes de leurs ancêtres et de leurs amis.

LIGUE DES CACIQUES. GRANDE BATAILLE.

Cependant l'enlèvement de Caonabo, le terrible cacique de Cibao, avait soulevé l'île entière, et les trois frères de ce prince avaient réuni une nombreuse armée dans le Vega Real. Dans l'état de faiblesse où se trouvait la colonie, l'amiral ne put mettre sur pied que deux cents hommes environ et vingt cavaliers. Il emmena en outre vingt limiers, qui, par leurs aboiements et leurs cruelles morsures, inspiraient aux Indiens autant de frayeur que les chevaux, et à plus juste titre.

Quand les éclaireurs eurent appris aux Indiens l'approche de leurs ennemis, ils envoyèrent des espions pour en connaître le nombre. Ces peuples, qui n'étaient pas forts sur le calcul, employaient une manière de compter simple comme tous leurs usages, mais qui n'eût pas été toujours praticable : c'était de mettre à part autant de grains de maïs qu'ils apercevaient d'hommes ou d'objets qu'ils voulaient compter. Lors donc que les espions revinrent avec une seule poignée de maïs, les caciques sourirent de pitié, pensant qu'ils n'auraient qu'à paraître pour disperser une si faible armée ou l'écraser sous leurs masses innombrables. On porte en effet leur nombre à cent mille. Les deux armées se rencontrèrent près du lieu où fut bâti depuis San-Iago. Le combat ne fut pas long. L'infanterie espagnole, divisée en plusieurs pelotons, s'avança au bruit éclatant des tambours et des trompettes, et, cachée en partie par des arbres, fit une décharge générale qui jeta tout d'abord la confusion dans les rangs des Indiens. Ces malheureux, qui la plupart n'avaient que leurs bras pour défense, furent frappés d'une terreur panique en voyant tomber des files entières de leurs compagnons qu'ils croyaient frappés par le tonnerre. Ojeda, lieutenant de Christophe Colomb, fondant sur eux avec sa cavalerie, s'ouvrit un large chemin à travers ces faibles bataillons. Foulés aux pieds des chevaux, assaillis d'une grêle de balles et de coups de sabre, les Indiens furent frappés d'horreur en se voyant attaqués par des limiers féroces qui, leur sautant à la gorge avec d'horribles hurlements, les étranglaient ou les renversaient, et déchiraient en pièces leurs corps nus et sans défense. Un grand nombre restèrent sur le champ de bataille, les autres s'enfuirent sur les rochers les plus escarpés en poussant des cris lamentables.

Colomb, pendant huit ou dix mois, continua ses courses militaires dans les différentes parties de l'île où quelques ennemis s'agitaient encore, et imposa à toutes ces peuplades un tribut, soit en or, soit en coton.

Ainsi l'esclavage étreignit de ses lourdes chaînes ces peuples jusque là si libres, si heureux; ainsi s'évanouit leur bonheur : plus de paisible sommeil, pendant les brûlantes heures du jour, sur les bords du lac, à l'ombre des palmiers touffus; plus de jeux sous les bosquets odorants, plus de chansons, plus de danses au son joyeux du tambourin ; maintenant le travail et la douleur.

ÉCLIPSE DE LUNE.

Obligé de lutter contre la cruauté des siens et contre les justes vengeances des Américains, Colomb faisait régner parmi ses gens une exacte discipline, qu'il adoucissait par des attentions continuelles sur leurs besoins, et par des exhortations paternelles. D'ailleurs il ne prenait jamais rien qu'en payant, et jusqu'alors il n'avait rien reçu des Américains qu'ils n'eussent volontairement apporté. Cependant, comme ils n'étaient pas habitués à faire de grandes provisions, ils se lassèrent enfin de nourrir des étrangers affamés, qui les exposaient eux-mêmes à manquer du nécessaire. Les discours des mutins pouvaient avoir fait aussi quelque impression sur eux. Ils commencèrent à s'éloigner, et les Castillans se virent menacés de mourir de faim. Dans cette extrémité, l'amiral s'avisa d'un stratagème qui lui réussit. Ses lumières astronomiques lui avaient fait prévoir qu'on aurait bientôt une éclipse de lune. Il fit dire à tous les caciques voisins qu'il avait à leur communiquer des choses fort importantes pour la conservation de leur vie. Un intérêt si pressant les eut bientôt assemblés. Après leur avoir fait de grands reproches de leur refroidissement et de leur dureté, il leur déclara d'un ton ferme qu'ils en seraient bientôt punis, et qu'il était sous la protection d'un Dieu qui se préparait à le venger. N'avez-vous pas vu, leur dit-il, ce qu'il en a coûté à ceux de mes soldats qui ont refusé de m'obéir ? Quels dangers n'ont-ils pas courus en voulant passer à l'île d'Haïti, pendant que ceux que j'y ai envoyés ont traversé sans peine! Bientôt vous serez un exemple beaucoup plus terrible de la vengeance du Dieu des Espagnols, et, pour vous faire connaître les maux qui vous menacent, vous verrez dès ce soir la lune rougir, s'obscurcir, et vous refuser sa lumière; mais ce n'est que le prélude de vos malheurs, si vous vous obstinez à me refuser des vivres.

En effet, l'éclipse commença quelques heures après, et les barbares épouvantés poussèrent d'effroyables cris. Ils allèrent aussitôt se jeter aux pieds de l'amiral, et le conjurèrent de demander grâce pour eux et pour leur île. Il se fit un peu presser pour donner plus de force à son artifice; et, feignant de se rendre, il leur dit qu'il allait se renfermer et prier son Dieu, dont il espérait apaiser la colère. Il s'enferma pendant toute la durée de l'éclipse, et les Américains recommencèrent à jeter de grands cris. Enfin, lorsqu'il vit reparaître la lune, il sortit d'un air joyeux pour les assurer que ses prières étaient exaucées, et que Dieu leur pardonnerait cette fois; parce qu'ayant répondu pour eux, il l'avait assuré qu'ils seraient désormais bons et dociles, et qu'ils fourniraient des vivres aux chrétiens. Depuis ce jour, non-seulement ils ne refusèrent rien aux Espagnols, mais ils évitèrent avec soin de leur causer le moindre mécontentement.

Ce secours était d'autant plus nécessaire à Colomb qu'il se formait sous ses yeux un nouveau parti qui l'aurait jeté dans de mortels embarras.

FERNAND CORTEZ.

FERNAND CORTEZ, gentilhomme espagnol, passa dans les Indes en 1504, et, en 1518, mis à la tête de la flotte que Velasquez, gouverneur de Cuba, destinait à la découverte de nouvelles terres, il partit pour tenter cette grande entreprise. Il subjugua tout le Mexique et força l'empereur Montezuma à se reconnaître vassal de Charles-Quint. Velasquez, jaloux de la gloire de Cortez, envoya contre lui une flotte; mais Cortez la défit, et rangea les vaincus sous ses drapeaux. Montezuma étant mort dans une sédition, Guatimozin, son gendre, se révolta contre Cortez, qui le vainquit et rentra dans Mexico. Forcé de revenir en Europe, Cortez n'éprouva qu'un froid dédain de la part de Charles-Quint.

MANIÈRE DE COMBATTRE DES MEXICAINS. — BATAILLE.

Tabasco fut la première conquête de Cortez. C'était une ville grande et bien peuplée ; elle était fortifiée d'une espèce de palissade formée de gros troncs d'arbres, entre lesquels étaient ménagées des ouvertures pour le passage des flèches.

Il s'empressa de faire reconnaître le pays par des détachements, et bientôt il fut informé qu'on découvrait une armée innombrable de Mexicains.

La manière de combattre de tous ces peuples étant à peu près la même, il n'est pas sans intérêt de connaître leur ordre de bataille. Voici comment Diaz le décrit.

Leurs armes sont l'arc et la flèche : la corde de leur arc est faite du nerf de quelque animal ou de poil de chèvre filé ; leurs flèches sont armées d'un os pointu ou d'une arête de poisson. Ils ont encore une espèce de dard ou zagaie qui leur sert de demi-pique, et qu'ils lancent au besoin. Quelques-uns portent de larges sabres d'un bois fort dur incrusté de pierres tranchantes ; les plus robustes y joignent des massues fort pesantes, dont la tête est armée d'un caillou. D'autres enfin n'ont que des frondes, dont ils se servent pour lancer de grosses pierres avec autant de force que d'adresse. Le cacique et les officiers ont seuls des armes défensives : ce sont des cuirasses de coton et des rondaches de bois ou d'écaille de tortue garnies de métal et même d'or quelquefois.

Tous les autres combattent nus. Ils se peignent le visage et le corps de diverses couleurs pour se donner un air plus terrible. La plupart ont sur la tête une espèce de couronne de très grandes plumes qui semble les grandir. Ils ont quelques instruments militaires pour se rallier ou s'animer au combat : ce sont des flûtes de roseau, des écailles de mer et une espèce de tambour fait d'un tronc d'arbre creusé dont ils tirent quelques sons avec de grosses baguettes. Leurs bataillons n'ont aucun

2

ordre de rangs et de files ; mais il y a des divisions , dont chacune a ses chefs , et le corps d'armée est ordinairement suivi d'un corps de réserve pour soutenir ceux qui se rompent. Leur première attaque est toujours furieuse ; quand ils ont épuisé leurs flèches sans que l'ennemi paraisse ébranlé, ils se précipitent en poussant des cris horribles, sans autre méthode que de se tenir serrés dans leurs bataillons. Mais comme ils attaquent tous ensemble, ils fuient aussi tous ensemble, et, lorsque la crainte leur a fait tourner le dos, il n'est plus possible de les arrêter.

Ce n'est pas sans effroi que les Espagnols se virent en présence d'une armée si nombreuse. Cortez lui-même comprit le danger ; mais il n'était point au-dessus de son courage. Il plaça sa petite armée au pied d'une éminence qui ne laissait point à craindre d'être enveloppé par derrière , et d'où l'artillerie pouvait jouer librement; et , ayant ranimé le courage de ses soldats par des paroles d'espérance , il monta à cheval avec tout ce qu'il avait de cavaliers, et se jeta dans un taillis voisin pour prendre l'ennemi en flanc quand une diversion deviendrait nécessaire.

Les Américains , arrivés à la portée des flèches, firent leur première décharge , puis ils se ruèrent avec impétuosité sur les Espagnols, sans que les arquebuses ni les arbalètes les pussent arrêter. Cependant l'artillerie faisait dans leurs rangs pressés d'horribles ravages ; mais ils se rejoignaient pour remplir les vides, et, poussant d'épouvantables cris , ils jetaient en l'air des poignées de sable dans l'espoir de cacher leur perte. Ils s'étaient avancés au point d'engager le combat corps à corps, et déjà les Espagnols commençaient à craindre , lorsque Cortez et ses cavaliers vinrent tomber à bride abattue dans la mêlée la plus épaisse. Ils n'eurent pas de peine à s'ouvrir un passage. La seule vue des chevaux, que les Mexicains prirent pour des monstres dévorants à têtes d'homme et de bête, répandit l'épouvante parmi les plus braves. Bientôt la déroute fut générale ; mais en se retirant ils continuaient de faire tête, moins pour combattre que pour se défendre de ces monstres terribles sur lesquels ils osaient à peine lever les yeux, et dont ils craignaient d'être dévorés en fuyant.

Ils laissèrent sur le champ de bataille plus de huit cents morts. Les Castillans ne perdirent que deux hommes; mais ils eurent soixante-dix blessés. En commémoration d'une si éclatante victoire, ils élevèrent un temple à Notre-Dame de la Victoire, et la première ville qu'ils fondèrent reçut le même nom.

Les Mexicains épouvantés demandèrent la paix, et elle fut faite de si bonne foi que les jours suivants se passèrent en visites réciproques où régnait la plus grande confiance.

CORTEZ ET MONTEZUMA.

Cortez et son armée arrivèrent enfin en vue de Mexico, qu'on reconnaissait facilement pour la capitale de l'empire, à la hauteur et à la magnificence de ses édifices. Un corps de plus de quatre mille hommes, composé de la noblesse et des principaux officiers de la ville, vint au-devant du général, et quoique leurs compliments ne fussent qu'une simple révérence que chacun faisait en passant à la file devant la tête de l'armée, cette cérémonie ne laissa pas que de l'arrêter longtemps. Aussitôt qu'on fut arrivé à la porte de la ville, la noblesse mexicaine se rangea des deux côtés pour laisser l'entrée libre, et les Espagnols découvrirent alors une fort grande rue, dont les maisons étaient uniformes, avec des terrasses et des balcons, sur lesquels se pressait une foule immense. Mais la rue elle-même était tout-à-fait déserte. On dit à Cortez, qui paraissait s'en étonner, que c'était l'ordre exprès de l'empereur, qui voulait l'honorer par une distinction sans exemple en venant lui-même le recevoir à la tête de toute sa cour.

En effet, on vit bientôt paraître la première partie du cortége de ce monarque : elle était composée de deux cents officiers de la maison impériale, tous en costumes semblables, avec de grands panaches de même forme et de même couleur. Ils marchaient deux à deux, les pieds nus et les yeux baissés. En arrivant à la tête de l'armée, ils se rangèrent le long des murs, et laissèrent voir dans l'éloignement une autre troupe plus nombreuse et plus richement vêtue, au milieu de laquelle brillait par dessus tous Montezuma. Il était porté sur les épaules de ses favoris, dans une litière d'or bruni dont l'éclat perçait à travers les ornements de plumes brillantes dont elle était revêtue. Quatre des principaux dignitaires de l'empire marchaient à ses côtés, et soutenaient au-dessus de sa tête un magnifique dais de plumes vertes tissues avec un art infini et entremêlées de quelques figures en argent. Il était précédé de trois magistrats armés d'une verge d'or qu'ils levaient par intervalle pour avertir que l'empereur approchait. A ce signal tout le peuple se prosternait : lever les yeux eût été un sacrilége.

Cortez descendit de cheval à quelque distance de Montezuma ; ce prince mit en même temps pied à terre, et des officiers étendirent aussitôt des tapis dans l'intervalle qui les séparait. L'empereur s'avança lentement et avec gravité, appuyé sur les bras des princes d'Istacpalapa et de Tezcuco, ses neveux. Toute sa personne avait un air de majesté qui ne paraissait pourtant pas sans quelque apprêt. Un manteau de coton d'une extrême finesse lui couvrait presque tout le corps ; attaché simplement sur ses épaules, il était bordé d'une frange d'or qui traînait jusqu'à terre. Les joyaux d'or, les perles et les pierres précieuses dont il était couvert semblaient plutôt un fardeau qu'un ornement. Sa couronne était une espèce de mitre d'or qui se terminait en pointe par devant, et dont l'autre partie, moins pointue, se recourbait vers le derrière de la tête. Ses souliers étaient d'or massif, et retenus par des courroies passées dans des boucles de même métal, et qui montaient en se croisant jusqu'au milieu de la jambe.

Cortez s'avança de son côté d'un air noble, et fit une profonde révérence, que l'empereur lui rendit en baissant la main jusqu'à terre, suivant l'usage de son peuple, et la portant ensuite à ses lèvres.

Tous les historiens rapportent l'entrée des Espagnols dans la capitale du Mexique au 8 novembre 1519. Ils font une brillante description du logement qu'on avait préparé pour Cortez. C'était un des édifices qu'avait fait bâtir le père de l'empereur ; il égalait en grandeur le premier des palais impériaux. Il était entouré de murailles fort épaisses, flanquées de tours de distance en distance, et ressemblait plus à une forteresse qu'à un palais. Toute l'armée trouva facilement à s'y loger. Le premier soin du général fut d'en reconnaître toutes les parties, afin de prendre les mesures qu'exigeait la prudence. Les salles destinées aux officiers étaient tendues de tapisseries de coton, la principale étoffe du pays, mais dont le prix était rehaussé par la richesse des couleurs et la délicatesse du travail. Les chaises étaient de bois, d'une seule pièce, et habilement sculptées. Les lits n'étaient composés que de deux nattes, l'une étendue et l'autre roulée comme un chevet; ils étaient entourés de courtines en forme de pavillon. Les princes eux-mêmes n'avaient point un coucher plus délicat.

Le jour suivant, Cortez sollicita l'honneur de faire sa cour à Montezuma, et cette faveur lui fut accordée de si bonne grâce que les officiers qui devaient l'accompagner arrivèrent avec la réponse. C'étaient les maîtres des cérémonies de l'empire. Fernand se fit suivre de quatre capitaines et de six de ses plus braves soldats. Les rues étaient remplies d'une multitude immense qui se pressait autour du cortége en poussant des acclamations. Les Espagnols découvrirent de fort loin le palais de Montezuma, et furent frappés de sa magnificence. On y entrait par trente portes auxquelles répondaient autant de rues; la façade principale, qui donnait sur une vaste place dont elle occupait tout un côté, était bâtie de jaspe noir, rouge et blanc. Sur la porte du milieu brillait un large écusson aux armes de Montezuma : c'était une espèce de griffon, dont la moitié du corps représentait un aigle, et l'autre moitié un lion; il avait les ailes déployées comme pour prendre son vol, et sous ses griffes se débattait un tigre en fureur. En approchant de l'entrée, les officiers mexicains qui accompagnaient le général firent quelques pas en arrière avec une sorte de mystère, comme s'ils eussent craint de fouler un lieu sacré; puis ils se rangèrent sur une double ligne, de manière à n'entrer que deux à deux. Après avoir traversé trois vestibules incrustés de jaspe, ils parvinrent aux appartements de l'empereur, et les Espagnols furent vivement frappés de leur grandeur et de leur magnificence. Des nattes admirables par la délicatesse et la variété du travail couvraient les planchers; les murs étaient revêtus de tapisseries de coton couvertes de dessins éclatants des plus riches couleurs. Les lambris étaient de cyprès, de cèdre, et d'autres bois odoriférants; et ce qu'il y avait d'admirable surtout, c'est l'art avec lequel toutes les pièces en étaient disposées pour se soutenir mutuellement, les Mexicains ne connaissant point l'usage des clous ni des chevilles. Les salles étaient remplies d'officiers de tous les rangs. Les ministres attendaient les Espagnols à la porte de l'antichambre, où ils les reçurent avec les marques d'un profond respect. Avant de les introduire, ils déposèrent les riches costumes qu'ils avaient revêtus pour les recevoir, la bienséance ne permettant point de se présenter devant l'empereur avec une brillante parure.

Montezuma était debout et revêtu de tous les insignes de l'autorité suprême. Il fit quelques pas pour aller au-devant du général, et lui posa les mains sur les épaules lorsqu'il se baissa pour le saluer; puis, promenant sur les Espagnols un regard plein de douceur, il s'assit et fit donner des siéges à Cortez et à tous ses gens. Pendant cette audience, qui se prolongea longuement, Montezuma fit preuve d'une rare intelligence et de connaissances variées. Il se montra assez disposé à reconnaitre pour souverain le roi d'Espagne, en qui, grâce à l'habileté de Cortez, il voyait le descendant du fondateur de son empire, le réformateur que les prophéties annonçaient au Mexique.

EXPÉDITION CONTRE MEXICO. — DÉFENSE HÉROIQUE DES MEXICAINS. — GUATIMOZIN. — REDDITION DE MEXICO.

Montezuma était mort. Le nouvel empereur, Guatimozin, avait fait d'immenses préparatifs de défense. Aussi la marche des Espagnols ne fut qu'un combat continuel; il leur fallait emporter d'assaut le moindre village, le moindre monticule. Les Mexicains défendirent leur territoire pied à pied avec un héroïsme digne d'admiration. Mais ils luttent en vain, en vain ils se font massacrer, entassant les cadavres pour arrêter les ennemis : leur multitude indisciplinée doit reculer devant la tactique habile de Cortez, devant ces armes meurtrières qui font de si larges trouées dans leurs rangs; chaque jour ils perdent du terrain, et l'armée espagnole arrive enfin sur les bords du lac qui baigne Mexico.

Bientôt ce lac immense se couvrit d'une quantité prodigieuse de canots chargés de guerriers aux armes et aux plumes éclatantes, et présenta aux

Espagnols un spectacle à la fois magnifique et terrible. Mais que pouvaient ces frêles embarcations contre de lourds brigantins, qui, se précipitant à force de rames et de voiles, en coulèrent bas ou en brisèrent par un seul choc autant qu'ils en rencontraient, tandis que l'artillerie étendait au loin ses terribles ravages. Aussi cette vaste surface fut-elle bientôt balayée, et les Espagnols vinrent mettre pied à terre à l'entrée de Mexico. Là ce fut pendant quelques jours un terrible massacre : chaque maison était une forteresse qu'il fallait enlever d'assaut; les rues étaient creusées de nombreuses tranchées qu'on ne pouvait franchir qu'en les comblant de cadavres. L'élite des Espagnols périt dans ces meurtrières journées, et peut-être l'armée entière eût été ensevelie sous les ruines de Mexico, si on ne fût parvenu à s'emparer de Guatimozin, qui, voyant son palais attaqué, s'était embarqué avec toute sa famille pour lui chercher quelque part un asile plus sûr. Dès qu'il se vit au pouvoir des Espagnols, l'empereur envoya l'ordre à ses sujets de déposer les armes, et la reddition de la ville ne rencontra plus dès lors aucun obstacle. Mexico, naguère si riante et si belle, n'offrait plus qu'un spectacle hideux; les morts entassés pêle-mêle avec les décombres étaient si nombreux que Cortez se hâta de sortir de la ville jusqu'à ce qu'on l'eût purgée de ces germes d'infection.

L'avidité des vainqueurs dévorait en idée les trésors de Guatimozin, et quand on vit que Cortez n'en parlait point, de violents murmures éclatèrent contre lui; on l'accusait de s'entendre avec l'empereur, et, pour se laver de ces soupçons, il fut obligé de consentir qu'on mît à la torture cet infortuné monarque, pour le contraindre à découvrir le lieu où il avait caché ses richesses. Guatimozin fut étendu sur des charbons ardents, et un de ses principaux officiers fut livré près de lui au même supplice. C'est à ce seigneur, dont il entendait les plaintes, que Guatimozin, qui souffrit ce cruel supplice avec une constance inaltérable, adressa ce sublime reproche : *Et moi, suis-je donc sur un lit de roses!* Cortez fit enfin cesser cette odieuse cruauté, et il fallut en croire l'empereur, qui déclara avoir jeté tous ses trésors dans le lac. Mais on fit d'inutiles recherches pour les découvrir, et le dépit qu'en ressentirent les Espagnols entra sans doute pour beaucoup dans l'arrêt de mort qu'ils prononcèrent deux ans plus tard contre le successeur de Montezuma : on l'accusa de conspiration, et il expira sur le gibet.

PRINCIPALES DIVINITÉS CHEZ LES ANCIENS MEXICAINS.

La principale idole des Mexicains, qu'ils traitaient de tout-puissant seigneur du monde, était adorée sous le nom de *Vitzilopochtli*. C'était une statue de bois taillée en forme humaine, assise sur une boule couleur d'azur, posée sur un brancard, de chaque coin duquel sortait un serpent de bois. Elle avait le front azuré, et par dessus le nez une bande de la même couleur, qui s'étendait d'une oreille à l'autre; sa tête était couronnée de grandes plumes dont les pointes étaient dorées; elle portait dans la main gauche une rondache blanche, avec cinq figures de pommes de pin disposées en croix, et au sommet une sorte de cimier d'or accompagné de quatre flèches que les Mexicains croyaient envoyées du ciel; dans la main droite, elle avait un serpent azuré. Vitzilopochtli était le dieu de la guerre. *Tescatilpochtla*, qui paraît avoir reçu le second rang, était le dieu de la pénitence : les Mexicains s'adressaient à lui pour obtenir le pardon de leurs fautes. Cette idole était de pierre noire aussi luisante qu'un marbre poli, vêtue et parée de rubans. Elle avait à la lèvre inférieure des anneaux d'or et d'argent, avec un petit tuyau de cristal d'où sortait une plume verte qu'on changeait quelquefois pour une bleue ; la tresse de ses cheveux, qui lui servait de bande, était d'or bruni, et au bout de cette tresse pendait une oreille d'or, un peu souillée d'une espèce de fumée qui représentait les prières des pécheurs et des affligés. Entre cette oreille et l'autre on voyait sortir des aigrettes; et la statue avait au cou un lingot d'or. Elle portait dans la main gauche un chasse-mouches de plumes vertes, bleues et jaunes, qui sortaient d'une plaque d'or si bien brunie qu'elle faisait l'effet d'un miroir, ce qui signifiait que d'un seul coup d'œil l'idole voyait tout ce qui se passait dans l'univers. Elle tenait dans la main droite quatre dards, qui marquaient le châtiment dont les pécheurs étaient menacés. Tescatilpochtla était le dieu le plus redouté des Mexicains, parce qu'ils appréhendaient qu'il ne révélât leurs crimes; et sa fête, qu'on célébrait de quatre en quatre ans, était une espèce de jubilé qui apportait un pardon général. Il passait aussi pour le dieu de la stérilité et du deuil. Dans les temples où il était honoré à ce titre, il était assis dans un fauteuil, avec beaucoup de majesté, entouré d'un rideau rouge sur lequel étaient peints des cadavres et des os de morts. On le représentait aussi tenant à la main gauche un bouclier avec cinq pommes de pin, et de la droite un dard prêt à frapper. Quatre autres dards sortaient du bouclier. Sous toutes ces formes il avait l'air menaçant, le corps noir et le front ceint de plumes de cailles.

Quoique Vitzilopochtli fût le principal dieu des Mexicains, on conservait, dans un des étages qui étaient au-dessus des deux autels du grand temple, une idole plus chère encore à la nation, mais dont le culte était moins régulier, et envers laquelle la dévotion du peuple n'éclatait avec beaucoup d'ardeur qu'à certains jours solennels. Elle était composée de toutes les semences des choses qui servent à la nourriture des hommes, moulues et pétries ensemble avec du sang de jeunes enfants, de veuves et de vierges sacrifiées. Les prêtres la faisaient sécher soigneusement; et, toute grande qu'elle était, elle pesait peu. Le jour de la consécration, non-seulement tous les habitants de Mexico, mais ceux de toutes les villes voisines, assistaient à cette fête avec des réjouissances extraordinaires; les plus dévots approchaient de l'idole, la touchaient avec la main, appliquaient à ses principales parties divers bijoux qu'ils croyaient sanctifiés par sa vertu, et les regardaient comme un préservatif contre toutes sortes de maux. Après cette cérémonie, l'idole était renfermée dans un sanctuaire dont l'entrée était interdite aux laïcs, et même au commun des prêtres. On bénissait en même temps, avec de grandes cérémonies, un vase plein d'eau qu'on gardait dans le même lieu. Cette eau sacrée n'était employée qu'à deux usages, l'un pour le couronnement de l'empereur, et l'autre pour l'élection du général des armées : on en arrosait les soldats et l'on en faisait boire au général. L'idole étant d'une matière que le temps ne manquait point d'altérer, on la renouvelait quelquefois avec les mêmes formalités. Alors la vieille était mise en pièces, qu'on distribuait comme de précieuses reliques entre les premiers seigneurs de l'empire, surtout aux officiers militaires. On faisait aussi dans le grand temple, à certains jours de l'année, une idole dont la matière pouvait se manger, et que les prêtres dépeçaient pour en donner les fragments à ceux qui venaient les recevoir : c'était une espèce de communion à laquelle on se préparait par des prières et des mortifications. L'empereur même assistait à cette cérémonie avec sa cour.

Quoique une partie des victimes humaines fût sacrifiée dans le grand temple, et que les Mexicains eussent l'horrible usage d'en manger la chair, ils réservaient les têtes, soit comme un trophée qui faisait honneur à leur victoire, soit pour se familiariser avec l'idée de la mort. Le lieu qui contenait cet affreux dépôt était devant la principale porte du temple, à la distance d'un jet de pierre. C'était une espèce de théâtre de forme longue, bâti de pierre, à chaux et à ciment; les degrés par lesquels on y montait étaient aussi de pierre, mais entremêlés de têtes d'hommes dont les dents s'offraient en dehors. Aux côtés du théâtre il y avait quelques tours qui n'étaient fabriquées que de têtes et de chaux. Les murailles étaient revêtues d'ailleurs de cordons de têtes en plusieurs compartiments, et, de quelque côté qu'on y jetât les yeux, on n'y voyait que des images de mort. Sur le théâtre même, plus de soixante poutres, éloignées de quatre à cinq palmes les unes des autres, et liées entre elles par de petites solives qui les traversaient, offraient une infinité d'autres têtes enfilées successivement par les tempes. Le nombre en était si grand que les Espagnols en comptèrent plus de cent trente mille, sans y comprendre celles dont les tours étaient composées. La ville entretenait plusieurs personnes qui n'avaient point d'autre fonction que de replacer les têtes qui tombaient, d'en remettre de nouvelles, et de conserver l'ordre établi dans cet abominable lieu.

La cruauté que déployaient les Mexicains dans leurs sacrifices surpasse ce que l'on a vu de plus révoltant chez les plus barbares nations de l'Afrique et des deux Indes. C'était dans la vue d'immoler paisiblement des hommes à leurs dieux que les Mexicains épargnaient le sang de leurs ennemis pendant la guerre, et qu'ils s'efforçaient de faire un grand nombre de prisonniers vivants.

PIZARRE.

PIZARRE, Espagnol, conquit le Pérou. Il en découvrit la côte en 1525. Il mourut assassiné en 1541.

MASSACRE DES PÉRUVIENS. — PRODIGIEUSES RICHESSES.

Les Espagnols, sous la conduite de Pizarre, allèrent piller le camp de l'inca Atahualpa, où ils trouvèrent une quantité surprenante de vases d'or et d'argent, des tentes fort riches, des étoffes, des habits et des meubles d'un prix inestimable. La seule vaisselle d'or du roi valait soixante mille pistoles. Atahualpa supplia le gouverneur de le traiter généreusement, et promit, pour sa rançon, de remplir d'or une salle où ils étaient alors, jusqu'à la hauteur où son bras pouvait atteindre; et l'on fit autour de la salle une marque de la même hauteur. Il promit d'y ajouter tant d'argent qu'il serait impossible aux vainqueurs de tout emporter. Cette offre fut acceptée; et bientôt on ne vit plus, dans les campagnes, que des Péruviens courbés sous le poids de l'or qu'ils apportaient de toutes parts. Mais, comme il fallait le rassembler des extrémités de l'empire, les Espagnols trouvèrent qu'on ne répondait point à leur impatience, et commencèrent même à soupçonner de l'artifice dans cette lenteur. Atahualpa, qui crut s'apercevoir du mécontentement, dit à Pizarre que, la ville de Cusco étant à deux cents lieues et les chemins fort difficiles, il n'était pas surprenant que ceux qu'il avait chargés de ses ordres tardassent à revenir ; mais que, s'il voulait y envoyer lui-même deux de ses gens, ils verraient de leurs propres yeux qu'il était en état de remplir sa promesse. Et comme les Espagnols balançaient sur le danger d'une si longue route, il leur dit en riant : « Que craignez-vous? Vous me tenez ici dans les fers ; moi, mes enfants, mes frères, ne sommes-nous pas des ôtages suffisants? » Soto et Pierre de Varco s'offrirent enfin pour cette course, et l'inca voulut qu'ils fissent le voyage dans une de ses litières, afin qu'ils fussent plus respectés.

A quelques journées de Caxamalca, ils rencontrèrent un corps de ses troupes qui conduisaient prisonnier son frère Huascar. Ce malheureux prince, apprenant qui étaient ceux qu'il voyait dans les litières, souhaita de leur parler ; et les deux Espagnols l'ayant assuré que l'intention de l'empereur leur maître, et celle du général Pizarre, était de faire observer la justice à l'égard des Américains, il se mit à les instruire de ses droits, avec des plaintes fort vives de l'injustice de son frère, et les pria de retourner vers le général pour le faire entrer dans ses intérêts. Il ajouta que, si Pizarre voulait se déclarer en sa faveur, il s'engageait à remplir d'or la salle de Caxamalca, non-seulement jusqu'à la ligne qu'on avait marquée, qui était à la hauteur d'un homme, mais jusqu'à la voûte, ce qui était le triple de plus. « Atahualpa, dit-il, sera obligé, pour exécuter son engagement, de dépouiller le temple de Cusco, en faisant enlever les plaques d'or et d'argent dont il est revêtu ; et moi j'ai dans ma puissance tous les trésors et toutes les pierreries de mon père. » Mais les capitaines avaient reçu des ordres formels, et ils n'osèrent y manquer en retournant sur leurs pas.

Pizarre fit partir Fernand, son frère, pour l'Espagne, afin de rendre compte à la cour des progrès de la conquête, et de faire à l'empereur une riche part du butin. Il embarqua cent mille pesos d'or, et cent mille autres en argent, à déduire sur la rançon d'Atahualpa. On choisit pour cela les pièces les plus massives, et qui avaient le plus d'apparence : c'étaient des cuvettes, des réchauds, des caisses de tambours, des vases, des figures d'hommes et de femmes. Chaque cavalier eut pour sa part douze mille pesos en or, c'est-à-dire deux cent quarante marcs d'or, sans compter l'argent, et l'infanterie à proportion ; et toutes ces sommes ne faisaient pas la cinquième partie de la rançon. Soixante hommes demandèrent la liberté de retourner en Espagne pour y jouir paisiblement de leurs richesses ; et Pizarre, prévoyant que l'exemple d'une si prompte fortune ne manquerait pas de lui attirer un grand nombre de soldats, ne fit pas difficulté de l'accorder.

LES CARAÏBES. — CHASSE AUX PERROQUETS. — LOUIS D'OR ET SOUS DE CUIVRE.

Les Caraïbes entreprennent un voyage dans une saison dangereuse, uniquement pour acheter une bagatelle, telle qu'un couteau ou des grains de verre, et donneront alors, pour ce qu'ils désirent, tout ce qu'ils ont apporté ; au lieu qu'ils n'en donneraient pas la moindre partie pour une boutique entière d'autres marchandises. Outre les paniers et d'autres meubles dont ils se défont, suivant leurs besoins ou leur goût, ils apportent aux Européens des perroquets, des lézards, de la volaille, des porcs, des ananas, des bananes, et diverses sortes de coquillages. Leur manière de prendre les perroquets est ingénieuse pour des sauvages. Ils observent, à l'entrée de la nuit, les arbres où les oiseaux se perchent, et, dans l'obscurité, ils portent au pied de l'arbre des charbons allumés, sur lesquels ils mettent de la gomme et du piment vert. L'épaisse fumée qui en sort bientôt étourdit ces oiseaux jusqu'à les faire tomber comme ivres. Ils les prennent alors, leur lient les pieds et les ailes, et les font revenir en leur jetant de l'eau sur la tête. Si les arbres sont d'une hauteur qui ne permette point à la fumée d'y arriver, ils attachent au sommet d'une perche quelque vase de terre dans lequel ils mettent du feu, de la gomme et du piment ; ils s'approchent autant qu'ils peuvent des oiseaux qu'ils veulent prendre, et les enivrent encore plus facilement. Ensuite, pour les apprivoiser, ils les font jeûner pendant quelque temps, et, lorsqu'ils les croient bien affamés, ils leur présentent à manger. S'ils les trouvent encore revêches, ils leur soufflent au bec de la fumée de tabac, qui les étourdit jusqu'à leur faire perdre aussitôt toute leur férocité. Ces perroquets deviennent non-seulement fort privés, mais apprennent aussi facilement à parler que ceux qu'on a pris tout jeunes.

Labat en acheta trois d'un Caraïbe pour vingt-deux sous marqués. C'est la seule monnaie que ces barbares connaissent. Un louis d'or ne vaut pas pour eux deux sous marqués, parce qu'ils attachent moins de prix à la matière qu'au nombre. Dans les comptes qu'on fait avec eux, on observe d'étendre les sous marqués qu'on leur donne, et de les ranger les uns après les autres, à quelque distance, sans jamais doubler les rangs ni mettre une partie de l'un sur l'autre, comme les marchands font en Europe : cet ordre ne satisferait point assez leur vue, et l'on ne conclurait rien. Mais lorsqu'ils voient une longue file de sous marqués, ils rient et se réjouissent comme des enfants. Une autre observation, qui n'est pas moins nécessaire, c'est d'ôter de leur vue et d'enlever aussitôt ce qu'on achète d'eux, si l'on ne veut s'exposer à la fantaisie qui leur vient souvent de le reprendre, sans vouloir rendre le prix qu'ils en ont reçu. Il n'est pas difficile, à la vérité, de les y forcer, surtout lorsqu'ils viennent trafiquer dans nos îles; mais il est toujours important de ne pas renouveler avec leur nation des guerres dont le succès même n'apporte aucun avantage. S'ils redemandent leurs marchandises après qu'on les a serrées, on feint d'ignorer ce qu'ils désirent.

ALVAREZ CABRAL.

Le Brésil fut découvert par CABRAL, en 1500.

ANTHROPOPHAGIE CHEZ LES BRÉSILIENS.

On assure que la plupart des Brésiliens engraissent leurs prisonniers pour rendre leur chair de meilleur goût. Dans l'intervalle, ils passent le temps à la chasse et à la pêche. Le jour de la mort n'est jamais déterminé, il dépend de l'embonpoint du captif. Lorsqu'il est venu, tous les Indiens de l'aldée sont invités à la fête. Ils passent d'abord qnelques heures à boire et à danser, et non-seulement le prisonnier est au nombre des convives, mais, quoiqu'il n'ignore point que sa mort approche, il affecte de se distinguer par sa gaîté. Après la danse, deux hommes robustes se saisissent de lui sans qu'il fasse de résistance ou qu'il laisse voir la moindre frayeur. Ils le lient d'une grosse corde au milieu du corps, mais ils lui laissent les mains libres, et dans cet état ils le mènent comme en triomphe dans les aldées voisines. Loin d'en paraître abattu, il regarde d'un air fier ceux qui se présentent sur son passage ; il leur raconte hardiment ses exploits, surtout la manière dont il a souvent lié les ennemis de sa nation, comme il les a rôtis et mangés, et leur prédit que sa mort ne demeurera pas sans vengeance, et qu'ils seront un jour mangés comme lui. Lorsqu'il a servi quelque temps de spectacle, et reçu les injures qu'on lui rend, ses deux gardes reculent, l'un à droite et l'autre à gauche, à la distance de huit ou dix pieds, tirant à mesure égale la corde dont ils le tiennent lié, de sorte qu'il ne peut faire un pas au milieu d'eux. On apporte à ses pieds un tas de pierres, et les gardes, se couvrant de leurs boucliers, lui déclarent qu'avant sa mort on lui laisse le pouvoir de la venger. Alors, entrant en fureur, il prend des pierres et les jette contre ceux qui l'environnent. Avec quelque soin qu'ils se retirent, il y en a toujours un grand nombre de blessés.

Aussitôt qu'il a jeté toutes ses pierres, celui dont il doit recevoir la mort, et qui ne s'est pas montré pendant toute cette scène, s'avance la tacape à la main, paré de ses plus belles plumes. Il tient quelque discours au captif, et ce court entretien renferme l'accusation et la sentence. Il lui demande s'il n'est pas vrai qu'il a tué et mangé plusieurs de ses compagnons. L'autre se fait gloire d'un prompt aveu, et défie son bourreau par une formule énergique dans les langues du pays. « Rends-moi la liberté, lui dit-il, et je te mangerai, toi et les tiens. — Eh bien! réplique le bourreau, nous te préviendrons. Je vais t'assommer, et tu seras mangé ce jour même. » Le coup suit aussitôt la menace.

Ensuite des femmes apportent de l'eau chaude, dont elles lavent le corps; d'autres viennent, le coupent en pièces avec une extrême promptitude, et frottent les enfants de son sang pour les accoutumer de bonne heure à la cruauté. Avant l'arrivée des Européens, les corps étaient découpés avec des pierres tranchantes. Aujourd'hui les Brésiliens ont des couteaux en grand nombre. Il ne reste qu'à rôtir les pièces du corps et les entrailles, qui sont fort soigneusement nettoyées; tout l'emploi des vieilles femmes, comme celui des vieillards, en mangeant ce détestable mets, est d'exhorter les jeunes gens à devenir bons guerriers pour l'honneur de leur nation, et pour se procurer souvent le même festin.

L'usage commun des Brésiliens est de conserver dans leurs villages des monceaux de têtes de morts; et lorsqu'ils reçoivent la visite de quelque étranger, ils ne manquent pas de lui donner ce spectacle comme un trophée de leur valeur et des avantages qu'ils ont remportés sur leurs ennemis. Ils gardent aussi fort soigneusement les plus gros os des cuisses et des bras pour en faire diverses sortes de flûtes, et toutes les dents, qu'ils attachent en forme de chapelet pour se les suspendre au cou. Ceux qui ont fait plusieurs prisonniers, croyant leur gloire bien établie, se font inciser, dès le même jour, la poitrine, les bras, les cuisses, le gras des jambes, et d'autres parties du corps, pour éterniser la mémoire de leurs exploits.

CHASSE AU JAGUAR — PÊCHE DES PERLES AU PANAMA.

Porto-Bello est entourée de montagnes couvertes de forêts et peuplées d'animaux féroces; aussi il y a peu de sûreté le soir dans les rues de la ville pour les animaux domestiques, et même pour les enfants. Un jaguar qui prend une fois goût à cette chasse semble dédaigner celle des montagnes. On leur tend des piéges à l'entrée des murs. Les nègres et les mulâtres qu'on emploie souvent à couper du bois ont autant d'adresse que de courage à s'en défendre dans les forêts, et les attaquent même avec une intrépidité surprenante. Ils ont pour ce dangereux combat un épieu de sept à huit pieds de long d'un bois fort, dont la pointe est durcie au feu avec une espèce de coutelas. Le combattant tient l'épieu de la main gauche, et son coutelas de l'autre main; il attend que le jaguar s'élance sur le bras qui tient l'épieu, et qui est enveloppé d'une pièce d'étoffe. Quelquefois l'animal paraît sentir le péril, et demeure comme sur ses gardes; mais son ennemi ne craint pas de le provoquer, en le touchant légèrement de l'épieu, pour trouver mieux l'occasion d'assurer son coup. Aussitôt que le fier animal se voit insulté, il saisit l'épieu d'une de ses griffes, et de l'autre patte il empoigne le bras qui tient cette arme. Il le déchirerait du premier effort, sans l'obstacle du manteau. C'est l'instant dont le nègre se hâte de profiter pour lui décharger sur la jambe un coup du coutelas qu'il tient de la main droite, et qu'il a eu la précaution de cacher derrière lui. De ce coup il lui tranche le jarret, et lui

3

fait abandonner le bras qu'il avait saisi. L'animal furieux se retire en arrière, sans lâcher l'épieu, et veut revenir aussitôt pour saisir le bras de son autre patte ; mais son adversaire lui décharge un second coup qui lui tranche encore un jarret, et qui le met à sa discrétion. Après avoir achevé de le tuer, il l'écorche, et revient triomphant avec sa peau, ses pattes et sa tête.

Un des plus grands avantages de Panama est la pêche des perles qui se fait aux îles de son golfe, surtout à celles du Roi et de Taboga. Il y a peu d'habitants qui n'emploient un certain nombre de nègres à cette précieuse pêche. La méthode n'est pas différente de celle du golfe Persique et du cap Comorin ; mais elle est plus dangereuse par la multitude des monstres marins qui font la guerre aux pêcheurs. C'est dans les lieux où se fait cette pêche que se trouvent toujours en plus grand nombre les requins, qui dévorent en un instant les malheureux plongeurs qu'ils peuvent saisir ; les mantas, autre espèce de monstres qui ont l'art de les envelopper de leur corps et de les étouffer, ou de les écraser contre le fond, en se laissant tomber sur eux de toute leur pesanteur. Ce poisson vorace, qui tire son nom de sa figure, est large, et s'étend en effet comme une pièce de drap. S'il joint un homme ou quelque autre animal, il l'enveloppe et le roule dans son corps comme dans une couverture, et bientôt il l'étouffe à force de le presser. Il ressemble à la raie, mais il est infiniment plus gros. Pour se défendre contre des ennemis si redoutables, chaque plongeur est armé d'un grand couteau pointu et fort tranchant. Dès qu'il aperçoit un de ces monstres, il l'attaque par quelque endroit dont il n'ait point à craindre de blessure, et lui enfonce son couteau dans le corps : le monstre ne se sent pas plutôt blessé qu'il prend la fuite. Les caporaux nègres, qui ont l'inspection sur les autres esclaves, veillent de leur barque à l'approche de ces cruels animaux, et ne manquent point d'avertir les plongeurs en secouant une corde qu'ils ont autour du corps. Souvent un caporal se jette lui-même dans les flots, armé aussi d'un couteau, pour secourir le plongeur qu'il voit en danger ; mais ces précautions n'empêchent point qu'il n'en périsse toujours quelques-uns, et que d'autres ne reviennent estropiés d'une jambe ou d'un bras. Les Espagnols cherchent le moyen de rendre cette pêche plus sûre, par quelque machine qui puisse défendre les pêcheurs, ou les mettre à couvert. Jusqu'à présent toutes les inventions ont mal réussi.

ENCHANTEMENTS CHEZ LES VIRGINIENS.

A la pointe du jour, dit M. Smith, écrivain anglais, on alluma un grand feu dans une maison longue, et l'on y étendit des nattes, sur l'une desquelles on me fit asseoir. Alors mes gardes ordinaires reçurent ordre de sortir. Je vis entrer aussitôt un grand homme, d'un air rude, dont le corps était peint de noir, et qui avait sur la tête un paquet de peaux de serpents et de belettes, farcies de mousse, dont les queues attachées ensemble formaient au-dessus une espèce de houpe, et dont les corps, flottants sur ses épaules, lui cachaient presque entièrement le visage. Une couronne de plumes soutenait cet ornement bizarre. Il avait à la main une sonnette qu'il fit retentir longtemps, en faisant mille postures grotesques. Ensuite il commença son invocation d'une voix forte, et se mit à tracer un cercle autour du feu avec de la farine. Alors trois autres devins, peints de noir et de rouge, à l'exception de quelques parties des joues, qui l'étaient de blanc, vinrent sur la scène avec diverses gambades. Ils commencèrent tous à danser autour de moi, et bientôt il en parut trois autres, aussi difformes que les premiers, mais les yeux peints seulement de rouge, avec plusieurs traits blancs sur le visage. Après une assez longue danse, ils s'assirent tous vis-à-vis de moi, trois de chaque côté du chef; et tous sept ils entonnèrent une chanson qui fut accompagnée du bruit des sonnettes. Lorsque cette étrange musique fut finie, le chef mit à terre cinq grains de blé; il ouvrit les bras, et les étendit avec tant de violence que ses veines parurent s'enfler. Il fit alors une courte prière, après laquelle ils poussèrent tous un soupir. Ensuite il remit trois grains de blé à quelque distance des autres, et le même exercice fut répété jusqu'à ce que les grains formassent trois cercles autour du feu. Ils prirent alors un paquet de petites branches apportées pour cet usage, dont ils mirent une dans chaque intervalle des grains. Cette opération dura tout le jour : ils le passèrent, comme moi, sans prendre aucune sorte d'aliment ; mais, à l'entrée de la nuit, ils se traitèrent de ce qu'ils avaient de meilleur. La même cérémonie fut recommencée trois jours de suite, sans que je puisse deviner à quoi elle devait aboutir. Enfin ils me dirent que la nation avait voulu savoir si j'étais bien ou mal disposé pour elle ; que le cercle de farine signifiait leur pays, les cercles de grains les bornes de la mer, et les petites branches ma patrie.

RIGUEUR DU FROID CHEZ LES ESQUIMAUX.

L'air de ce pays n'est presque jamais serein ; dans le printemps et l'automne on y est continuellement assiégé par des brouillards épais et fort humides. En hiver, l'air est rempli d'une infinité de petites flèches glaciales qui sont visibles à l'œil, surtout lorsque le vent vient du nord ou de l'est, et que la gelée est dans sa force ; elles se forment sur l'eau qui ne gèle point, c'est-à-dire que, partout où il reste de l'eau sans glace, il s'en élève une vapeur fort épaisse qu'on appelle *fumée de gelée*, et c'est cette vapeur qui, venant à se geler, est transportée par les vents sous la forme visible de ces petites flèches.

Pendant les grands froids, si l'on touche du fer ou tout autre corps uni et solide, les doigts y tiennent aussitôt par la seule force de la gelée. En buvant, touche-t-on le verre de la langue ou des lèvres, on emporte souvent la peau pour le retirer. Tous les corps solides, tels que le verre et le fer, acquièrent un tel degré de froid qu'ils résistent longtemps à la plus grande chaleur. « Un jour, dit Ellis, je portais dans notre logement une hache qu'on avait laissée dehors ; je la mis à six pouces d'un bon feu, et je pris plaisir à jeter de l'eau dessus : il s'y forma sur-le-champ un gâteau de glace qui se soutint quelque temps contre l'ardeur du feu. Il y a beaucoup d'apparence que les montagnes de glace s'accroissent de même, pendant que l'air qui les environne est tempéré.

» On avait fait un trou de quatre mètres de profondeur pour garantir nos liqueurs du froid, avec le soin de les y placer entre deux lits d'arbrisseaux et de mousse d'un pied d'épaisseur, et le tout avait été couvert de quatre mètres d'une terre savoneuse. Non-seulement ces précautions n'empêchèrent point que plusieurs de nos tonneaux de bière ne fussent gelés, et ne crevassent même, quoique reliés en cercles de fer ; mais, ayant eu la curiosité de faire creuser, j'y trouvai la terre gelée à quatre pieds au-delà, et de la dureté d'une pierre. »

Qui ne s'imaginerait que les habitants d'un si rigoureux climat doivent être les plus malheureux de tous les hommes? cependant ils sont fort éloignés d'avoir cette opinion de leur sort. Les fourrures dont ils sont couverts, la mousse et les peaux dont leurs cabanes sont revêtues, les mettent de niveau avec les peuples des climats plus tempérés. S'ils ne forment point de sociétés nombreuses, c'est qu'ils trouveraient plus difficilement de quoi s'habiller et se nourrir ; mais en changeant souvent d'habitations pour se procurer des chasses et des pêches abondantes, il leur est toujours aisé de satisfaire à ces deux besoins.

CROYANCES SUPERSTITIEUSES CHEZ QUELQUES SAUVAGES DE L'AMÉRIQUE SEPTENTRIONALE.

Quand on leur demande ce qu'ils pensent des âmes, ils répondent qu'elles sont les ombres ou les images animés du corps ; et c'est par une suite de ce principe qu'ils croient tout animé dans l'univers. C'est par tradition qu'ils supposent l'âme immortelle. Ils prétendent que, séparée du corps, elle conserve les inclinations qu'elle avait pendant la vie ; et de là vient l'usage d'enterrer avec les morts tout ce qui servait à satisfaire leurs besoins ou leurs goûts. Ils sont même persuadés que l'âme demeure longtemps près du corps après leur séparation, et qu'ensuite elle passe dans un pays qu'ils ne connaissent point, où, suivant quelques-uns, elle est transformée en tourterelle. D'autres donnent à tous les hommes deux âmes : l'une telle qu'on vient de dire ; l'autre qui ne quitte jamais les corps, et qui ne sort de l'un que pour passer dans un autre.

Cette raison leur fait enterrer les enfants sur le bord des grands chemins, afin qu'en passant les femmes puissent recueillir ces secondes âmes, qui, n'ayant pas joui longtemps de la vie, sont plus empressées d'en recommencer une nouvelle. Il faut aussi les nourrir, et c'est dans cette vue qu'on porte diverses sortes d'aliments sur les tombes ; mais ce bon office dure peu, et l'on suppose qu'avec le temps les âmes s'accoutument à jeûner. La peine qu'on a quelquefois à faire subsister les vivants fait oublier le soin de nourrir les morts. L'usage est aussi d'enterrer avec eux tout ce qu'il possédaient, et l'on y joint même des présents : aussi le scandale est-il extrême dans toutes ces nations lorsqu'elles voient des Européens ouvrir les tombes pour en tirer les robes de castor qu'elles y ont enfermées. Les sépultures sont des lieux si respectés que leur profanation passe pour l'injure la plus atroce qu'on puisse faire aux sauvages d'une bourgade.

Sans connaître le pays des âmes, c'est-à-dire le lieu où elle passent en sortant du corps, ils croient que c'est une région fort éloignée vers l'ouest, et qu'elles mettent plusieurs mois à s'y rendre. Elles ont même de grandes difficultés à surmonter dans cette route : on parle d'un fleuve qu'elles ont à passer, et sur lequel plusieurs font naufrage ; d'un chien dont elles ont beaucoup de peine à se défendre ; d'un lieu de souffrances où elles expient leurs fautes ; d'un autre où sont tourmentées celles des prisonniers de guerre qui ont été brûlés, et où elles se rendent le plus tard qu'elles peuvent. De là vient que, après la mort de ces malheureux, dans la crainte que leurs âmes ne demeurent autour des cabanes pour se venger des tourments qu'on leur a fait souffrir, on visite soigneusement tous les lieux voisins, avec la précaution de frapper de grands coups de baguette et de pousser de hauts cris pour les obliger de s'éloigner.

La félicité future consiste à trouver une chasse et une pêche qui ne manquent point, un printemps perpétuel, une grande abondance de vivres sans aucun travail, et tous les plaisirs des sens. Tous leurs vœux n'ont pas d'autre objet pendant la vie, et leurs chansons, qui sont originairement leurs prières, roulent sur la continuation des biens présents. Ils se croient sûrs d'être heureux après la mort à proportion de ce qu'ils le sont dans cette vie. Les âmes des bêtes ont aussi leur place dans le même pays, car ils ne les croient pas moins immortelles que leurs propres âmes. Ils leur attribuent même une sorte de raison, et non-seulement chaque espèce d'animaux, mais chaque animal a son génie comme eux. En un mot, ils ne mettent qu'une différence graduelle entre les hommes et les brutes; l'homme n'est pour eux que le roi des animaux, qui possède les mêmes attributs dans un degré fort supérieur.

Rien n'approche de leur extravagance et de leur superstition pour tout ce qui regarde les songes. Ce n'est pas seulement sur celui qui a rêvé que tombe l'obligation d'exécuter l'ordre qu'il reçoit, mais ce serait un crime pour ceux auxquels il s'adresse de lui refuser ce qu'il a désiré dans son rêve. Les missionnaires en rapportent des exemples qui paraîtraient incroyables sur tout autre témoignage.

« Si ce qu'un particulier désire en songe est de nature à ne pouvoir être fourni par un autre particulier, le public s'en charge; fallût-il l'aller chercher à cinq cents lieues, il faut le trouver à quelque prix que ce soit, et, quand on y est parvenu, on le conserve avec des soins surprenants. Si c'est une chose inanimée, on est plus tranquille; mais si c'est un animal, sa mort cause des inquiétudes qui ne peuvent être représentées. L'affaire est plus sérieuse encore quand quelqu'un s'avise de rêver qu'il casse la tête à un autre, car il la lui casse en effet s'il le peut; mais malheur à lui si quelque autre s'avise de songer qu'il venge sa mort. » Le seul remède entre ceux qui ne sont pas d'humeur sanguinaire est d'apaiser le génie par quelque présent.

HABITATIONS AMÉRICAINES.

Les Américains habitent un pays fort rude et fort inculte; mais il l'est encore moins que celui qu'ils choisissent pour leurs chasses. Il faut marcher longtemps pour y arriver, et porter sur le dos toutes les provisions nécessaires dans un voyage de cinq ou six mois, par des chemins où l'on ne comprend pas que des bêtes fauves puissent passer. Si l'on n'avait pas la précaution de se fournir d'écorce d'arbre, on ne trouverait pas de quoi se mettre à couvert de la pluie et de la neige. En arrivant au terme d'une si pénible marche, on se procure un peu plus de commodité, ce qui ne consiste qu'à se défendre un peu mieux des injures de l'air. Chacun y travaille. Les missionnaires, qui n'avaient personne pour les servir, et pour qui les sauvages n'avaient aucune considération, n'étaient pas plus ménagés que les derniers des chasseurs ; ils n'avaient pas même de cabane séparée, et leur logement était dans la première où l'on consentait à les recevoir. Ces cabanes, chez la plupart des nations algonquines, sont à peu près de la forme de nos glacières, c'est-à-dire rondes et terminées en cône; elle n'ont pour soutien que des perches plantées dans la neige, jointes ensemble par les bouts, et recouvertes d'écorces mal assemblées et mal attachées : aussi ne garantissent-elles d'aucun vent. Leur construction demande à peine une heure de temps. Les branches de sapin y tiennent lieu de nattes et servent de lits. Les neiges qui s'accumulent à l'entour forment une espèce de parapet. La fumée des feux remplit tellement le haut de la cabane qu'on n'y peut être debout sans avoir la tête dans une espèce de tourbillon; souvent on ne distingue rien à la distance de deux ou trois pieds. On perd les yeux à force de pleurer, et quelquefois, pour s'y faciliter un peu la respiration, il faut se tenir couché sur le ventre, avec la bouche presque collée contre terre. On aimerait mieux rester dehors, si le temps ne s'y opposait : tantôt c'est une neige dont l'épaisseur obscurcit le jour; tantôt un vent sec qui coupe le visage, et qui fait éclater les arbres dans les forêts. A de si cruelles incommodités il faut en ajouter une autre : c'est la persécution des chiens. Les sauvages en ont toujours un grand nombre qui les suivent sans cesse et qui leur sont extrêmement attachés, peu caressants parce qu'on ne les caresse point, mais infatigables et fort habiles chasseurs. On les dresse de bonne heure pour les différentes chasses. Le soin de leur nourriture n'occupe jamais leurs maîtres, ils ne vivent que de ce qu'ils peuvent trouver : aussi sont-ils toujours maigres, et si dépourvus de poil que leur nudité les rend fort sensibles au froid. S'ils ne peuvent approcher du feu, où ils ne pourraient tenir tous quand il n'y aurait personne dans la cabane, ils se couchent sur les premiers lits qu'ils rencontrent, et souvent on se réveille la nuit presque étouffé par une troupe de chiens. En vain s'efforce-t-on de les chasser, ils reviennent aussitôt. Leur importunité recommence au jour. Ils ne voient paraître aucun aliment dont ils ne prétendent leur part. Un pauvre missionnaire, à demi couché proche du feu, luttant contre la fumée qui lui permet à peine de lire son bréviaire, est exposé aux insultes d'une multitude de chiens qui passent et repassent devant lui, en courant après un morceau de viande qu'ils ont aperçu. Lui présente-t-on quelque chose à manger, il est embarrassé à se défendre contre ceux qui l'attaquent de front; et, lorsqu'il croit sa position sûre, il en vient un par derrière qui lui en enlève la moitié, ou qui la fait tomber dans les cendres. Mais la faim devient souvent le pire de tous les maux. On a compté sur la chasse, qui ne donne pas toujours. Les provisions dont on s'est chargé s'épuisent bientôt. Quoique les sauvages sachent supporter la faim, ils se trouvent quelquefois réduits à de si grandes extrémités qu'ils y succombent.

Ce missionnaire fut obligé de manger les peaux d'anguilles et d'élans dont il avait raccommodé son habit, et puis de jeunes branches et la plus tendre écorce des arbres. Cette épreuve en a fait périr beaucoup. Qu'elle est belle la religion qui inspire de tels dévouements !

ÉLOQUENCE DES IROQUOIS.

En 1684, La Barre, gouverneur général de la Nouvelle-France, craignant quelque irruption de la part des Iroquois, qui s'étaient rendus plus redoutables que jamais, et qui avaient aussi leurs sujets de plainte, engagea d'Iberville, gentilhomme canadien, à lui amener quelques anciens auxquels il se flattait encore d'inspirer le goût de la paix, ou d'imposer par sa fermeté. Ils s'était avancé jusqu'au fort de Catarocouï, avec un corps de troupes qu'il voulait faire passer pour une simple escorte, et d'Iberville revint en effet avec un des principaux chefs des Onontagués, qui se nommait Grangula, suivi de trente jeunes guerriers. Mais dans l'intervalle une partie des troupes françaises fut affligée de diverses maladies. Cette disgrâce ne put être cachée aux sauvages, parce que plusieurs d'entre eux, qui entendaient un peu le français, se glissèrent pendant la nuit derrière les tentes, où les discours inconsidérés de quelques soldats leur firent connaître l'état des malades. Cependant, deux jours après leur arrivée, le chef fit dire à La Barre qu'il était prêt à l'entendre, et l'assemblée se tint entre les deux camps.

Grangula s'assit à la manière orientale au milieu de ses guerriers, qui prirent la même posture. Il avait la pipe à la bouche, et le grand calumet de paix était vis-à-vis de lui avec un collier. La Barre, assis dans un grand fauteuil, avait des deux côtés une foule d'officiers français. Il ouvrit la conférence.

. . . .

. . . .

La Barre ayant cessé de parler, Grangula, qui ne regardait que le bout de sa pipe, se leva, fit cinq ou six tours dans le cercle composé de sauvages et de Français, revint à sa place, se plaça debout devant le général, et, le regardant d'un œil fixe, lui répondit en ces termes :

« Onnontio (*grande montagne*, titre d'honneur que les sauvages donnaient au gouverneur français), Onnontio, je t'honore. Tous les guerriers qui m'accompagnent t'honorent aussi. Ton interprète a fini son discours, je vais commencer le mien. Ma voix court à ton oreille ; écoute mes paroles.

» Onnontio, il fallait que tu crusses, en partant de Québec, que l'ardeur du soleil eût embrasé les forêts qui rendent notre pays inaccessible aux Français, ou que le lac les eût tellement inondées que, nos cabanes se trouvant environnées de ses eaux, il nous fût impossible d'en sortir. Oui, Onnontio, il faut que tu l'aies cru, et que ta curiosité de voir tant de pays brûlés ou submergés t'ait porté jusqu'ici. Tu es maintenant désabusé, puisque moi et mes guerriers venons t'assurer que les Tsonontouans, les Goyoguans, les Oneyouths et les Agniés n'ont pas encore péri. Je te remercie en leur nom d'avoir rapporté sur leurs terres ce calumet de paix que ton prédécesseur a reçu de leurs mains. Je te félicite en même temps d'avoir laissé sous terre la hache meurtrière qui a rougi tant de fois du sang des Français. Ecoute, Onnontio : je ne dors point, j'ai les yeux couverts, et le soleil qui m'éclaire me fait découvrir à la tête d'une troupe de guerriers un grand capitaine qui parle en sommeillant. Il dit qu'il ne s'est approché de ce lac que pour fumer dans le grand calumet de paix avec les Onontagués ; mais Grangula sait au contraire que c'était pour leur casser la tête, si tant de vrais Français ne s'étaient affaiblis. Je vois qu'Onontio rêve dans un camp de malades à qui le Grand-Esprit a sauvé la vie par des infirmités.

« Ecoute, Onnontio : Nos femmes avaient pris les casse-têtes, nos enfants et nos vieillards portaient déjà l'arc et la flèche à ton camp, si nos guerriers ne les eussent retenus et désarmés, lorsque ton ambassadeur Akouessan parut dans mon village. C'en est fait, j'ai parlé.

» Ecoute, Onnontio : Nous n'avons pas pillé d'autres Français que ceux qui portaient des fusils, de la poudre et des balles aux Otamis et aux Illinois, nos ennemis, parce que ces armes auraient pu leur coûter la vie. Nous avons fait comme les jésuites, qui cassent tous les barils d'eau-de-vie qu'on porte dans nos villages, de peur que les ivrognes ne leur cassent la tête. Nos guerriers n'ont point de castors pour payer toutes les armes qu'ils ont pillées, et les pauvres vieillards ne craignent point la guerre. Ce collier contient ma parole.

» Nous avons introduit les Anglais dans les lacs pour y trafiquer avec les Otaouais et les Hurons, de même que les Algonquins ont conduit les Français à nos villages, que les Anglais disent leur appartenir. Nous sommes nés libres ; nous ne dépendons ni d'Onnontio, ni de *Colar* (nom que les sauvages donnent aux gouverneurs anglais). Il nous est permis d'aller où nous voulons, d'y conduire qui bon nous semble, d'acheter et de vendre, et à qui il nous plaît. Si tes alliés sont tes esclaves ou tes enfants, traite-les comme des esclaves ou comme des enfants, ôte-leur la liberté de recevoir chez eux d'autres gens que les tiens. Ce collier contient ma parole.

» Nous avons cassé la tête aux Illinois et aux Otamis, parce qu'ils ont coupé les arbres de paix qui servaient de limites à nos frontières. Nous avons moins fait que les Anglais et les Français, qui, sans droit, ont usurpé les terres qu'ils possèdent sur plusieurs nations qu'ils ont chassées de leur pays, pour bâtir des villes, des villages et des forteresses. Ce collier contient ma parole.

» Ecoute, Onnontio : Ma voix est celle de cinq cabanes iroquoises. Voilà ce qu'elles te répondent. Ouvre encore l'oreille pour entendre ce qu'elles te font savoir. Les Tsonontouans, les Goyoguans, les Onontagués, les Oneyouths et les Agniés disent que, quand ils enterrèrent la hache à Catarocouï, en présence de ton prédécesseur, au centre du fort, ils plantèrent au même lieu l'arbre de paix, pour y être conservé; qu'au lieu d'une retraite de guerriers, ce fort ne devait plus être qu'une retraite de marchands; qu'au lieu d'armes et de munitions, il n'y aurait plus que des marchandises et des castors qui puissent y entrer. Ecoute, Onnontio; prends garde qu'à l'avenir un aussi grand nombre de guerriers que celui qui paraît ici, se trouvant enfermé dans un si petit fort, n'étouffe cet arbre. Ce serait dommage que, ayant aisément pris racine, on l'empêchât de croître, et de couvrir un jour de ses rameaux ton pays et le nôtre. Je t'assure, au nom des nations, que nos guerriers danseront sous ses feuillages la danse du calumet, qu'ils demeureront tranquilles sur leurs nattes, et qu'ils ne déterreront la hache, pour couper l'arbre de paix, que quand leurs frères Onnontio et Colar, conjointement ou séparément, entreprendront d'attaquer des pays dont le Grand-Esprit a disposé en faveur de nos ancêtres. Ce collier contient ma parole; et cet autre, le pouvoir que les cinq nations m'ont donné. »

Enfin, Grangula s'adressant à d'Iberville, lui dit : « *Akouessan*, prends courage. Tu as l'esprit : parle, explique ma parole; n'oublie rien, dit tout ce que tes frères et tes amis annoncent à ton chef Onnontio par la voix de Grangula qui t'honore, et t'invite à recevoir ce présent de castors, et à te trouver tout à l'heure à son festin. Ces autres présents de castors sont envoyés à Onnontio de la part de cinq nations. »

L'Iroquois ayant cessé de parler, d'Iberville et quelques jésuites présents expliquèrent sa réponse à La Barre, qui rentra dans sa tente fort mécontent de la fierté de Grangula. C'était la première fois qu'il traitait avec les sauvages.

CHASSE AUX CASTORS.

La prodigieuse quantité de ces animaux que les premiers Français trouvèrent au Canada fait juger qu'avant leur arrivée l'ardeur des sauvages n'était pas grande pour cette chasse.

L'industrie que le castor déploie dans la préparation de son logement et de sa subsistance semble l'abandonner lorsqu'il s'agit de pourvoir à sa sûreté. C'est pendant l'hiver qu'il est exposé aux persécutions des chasseurs, c'est-à-dire depuis novembre jusqu'à avril, parce qu'alors, comme tous les autres animaux, il a plus de poil et la peau plus mince. Les sauvages ont quatre méthodes : les filets, l'affût, la tranche et la trappe ; ils joignent ordinairement la première à la troisième, et rarement ils emploient la seconde : le castor a les yeux si perçants et l'oreille si fine qu'il est difficile de s'en approcher avant qu'il ait gagné l'eau, où il plonge d'abord, et dont il ne s'écarte pas beaucoup en hiver ; on le perdrait même quand il aurait été blessé d'un coup de flèche ou de balle avant que de s'être jeté à l'eau, parce qu'il ne revient point au-dessus lorsqu'il meurt d'une blessure. Ainsi les méthodes communes sont celles de la trappe et de la tranche.

Quoique ces animaux aient amassé leur provisions pour l'hiver, ils font cependant quelques excursions dans les bois pour y chercher une nourriture plus fraîche et plus tendre. Les sauvages dressent des trappes sur leur chemin, à peu près telles que nos quatre de chiffre, et mettent pour amorce de petits morceaux de bois tendre fraîchement coupés. Le castor n'y a pas plutôt touché qu'il lui tombe sur le corps une grosse bûche qui lui casse les reins ; et le chasseur qui survient l'achève sans peine. La tranche demande plus de précaution. Lorsque l'épaisseur de la glace est de 15 centimètres, on y fait une ouverture avec la hache. Les castors ne manquent pas d'y venir pour respirer avec plus de liberté : on les y attend ; on remarque même leur approche au mouvement qu'ils donnent à l'eau, et rien n'est plus facile que de leur casser la tête au moment qu'on la découvre. Si l'on ne veut point être aperçu de l'animal, on met sur le bout de la bourre de roseaux ou des épis de typha ; et, lorsqu'il est à portée, on le saisit par une patte, on le jette sur la glace, et quelques coups l'assomment avant qu'il soit revenu de son étourdissement. Si la cabane est proche de quelque ruisseau, il en coûte encore moins. On coupe la glace en travers pour y tendre un grand filet ; ensuite on va briser la cabane. Tous les castors qu'elle contient ne manquent point de se sauver dans le ruisseau, et se trouvent pris dans le filet ; mais on les y laisse peu, parce qu'ils s'échapperaient en le coupant.

Ceux qui bâtissent leurs cabanes dans les lacs ont, à quelques cent pas du rivage, une autre retraite qui leur tient lieu de maison de campagne, pour y respirer un meilleur air. Alors les chasseurs se partagent en deux bandes ; l'une pour briser la cabane des champs, l'autre pour donner en même temps sur celle du lac. Les castors d'une cabane veulent se réfugier dans l'autre, et coûtent peu à tuer dans le passage. En quelques endroits on se contente de faire une ouverture aux digues : les castors se trouvent bientôt à sec, et demeurent sans défense. S'ils n'aperçoivent pas les auteurs du mal, ils accourent pour y remédier ; mais comme on est préparé à les recevoir, il est rare qu'on les manque, ou du moins qu'on n'en prenne pas plusieurs. Quelques relations assurent que, s'ils découvrent les chasseurs ou quelques-unes des bêtes carnassières qui leur font la guerre, ils plongent avec un si grand bruit, en battant l'eau de leur queue, qu'on les entend d'une demi-lieue, apparemment pour avertir tous les autres du péril qui les menace. Ils ont l'odorat si fin que, dans l'eau même, ils sentent de fort loin les canots ; mais on ajoute qu'ils ne voient que de côté, et que ce défaut les livre souvent aux chasseurs qu'ils veulent éviter.

Les chasseurs empêchent soigneusement que leurs chiens ne touchent aux os des castors, parce qu'ils sont d'une dureté à laquelle il n'y a point de dents qui résistent.

PÊCHE DE LA BALEINE CHEZ LES ISLANDAIS.

Aussitôt qu'on aperçoit une baleine, ou qu'on l'entend souffler ou rejeter l'eau, on crie d'abord : *Fall! fall!* c'est à dire : En bas! en bas! et tous les pêcheurs se jettent dans leurs canots. Chaque canot contient ordinairement six hommes, et quelquefois sept, suivant sa grandeur. Ils s'approchent de la baleine à force de rames. Le harponneur, qui est sur l'avant, se lève et lance le harpon qu'il a devant lui. Le monstre n'est pas plutôt frappé que, voulant aller à fond, il tire la corde avec tant de force que l'avant du canot se trouve au niveau des flots, et qu'il l'entraînerait même au fond si l'on n'avait une extrême attention à filer continuellement la corde. La méthode pour lancer le harpon est de tenir la pointe du fer vers la main gauche, avec la première des deux cordes auxquelles il est attaché. Cette corde a 6 ou 7 brasses de long ; son épaisseur est de deux centimètres. On a pris soin de la disposer en rouleau lâche, afin qu'elle ne retienne pas le harpon lorsqu'on le lance ; elle doit être plus souple que l'autre corde qui la retient, et qui est à l'autre bout du harpon, pour suivre le poisson dans sa fuite : aussi la fait-on du chanvre le plus doux et le plus fin, sans la goudronner. Le harponneur lance son instrument de la main droite. Lorsque la baleine est frappée, tous les canots virent de bord. L'on porte les yeux en avant, et l'on se hâte de placer les avirons de chaque côté des canots.

On tâche de frapper la baleine à l'oreille ou au dos ; on s'efforce aussi de la percer avec des lances pour lui faire perdre plus de sang. La tête est l'endroit où le harpon a le moins de prise, parce que les os y sont fort durs et qu'il y a peu de graisse. On juge même que l'animal se connaît cette propriété, car, lorsqu'il se voit en danger et qu'il ne peut se garantir du harpon, il y expose la tête plus ordinairement que le dos. Le fer du harpon a la forme d'une flèche par le bout, avec deux tranchants. L'extrémité qui est le plus près du manche est épaisse comme le dos d'un couperet, afin qu'il ne puisse ni couper par là, ni se détacher. Le manche est plus gros par le haut que par le bas, et creux jusqu'à la moitié, pour y faire entrer le fer, qu'on fixe ensuite avec une grosse ficelle. La petite corde qu'on a nommée la première tient au fer, près du manche. Le plus grand poids du fer doit toujours être en bas, afin que, de quelque manière que le harpon soit lancé, il tombe toujours sur la pointe. Les meilleurs harpons sont ceux qui ne sont pas trop trempés et qui peuvent plier sans se rompre.

Quand la baleine fuit, tous les canots vont de l'avant, suivant des yeux la corde pour en connaître la direction, et la tirent quelquefois pour connaître à sa raideur le degré de force qui reste à l'animal. Lorsqu'elle paraît lâche et qu'elle ne fait pas pencher l'avant de la chaloupe plus que le derrière, on pense à la retirer. Un des pêcheurs la remet en rouleau à mesure qu'on la tire, pour être en état de la filer avec la même facilité, si la baleine recommençait à fuir. On observe aussi de ne pas trop lâcher la corde à celles qui fuient au niveau de l'eau, parce qu'en s'agitant elles pourraient l'accrocher à quelque roche et faire sauter le harpon. Des baleines mortes, ce ne sont pas les plus grasses qui s'enfoncent aussitôt ; on remarque, au contraire, que plus elles sont maigres, plus elles vont vite à fond, quoiqu'elles reviennent sur l'eau quelques jours après. Mais on n'attend point que celles qui disparaissent ainsi remontent d'elles-mêmes ; et l'effort de tous les pêcheurs se réunit pour les conduire au vaisseau. A la vérité, si la mer était assez calme pour permettre de s'arrêter longtemps dans le même lieu, ils auraient moins de peine à les prendre au niveau des flots. Mais, outre les obstacles du vent et des courants, une baleine morte depuis quelques jours est d'une saleté et d'une puanteur insupportables ; sa chair se remplit de vers longs et blancs. Plus elle demeure dans l'eau, plus elle s'élève ; la plupart se découvrent d'un ou deux pieds. A quelques-unes on voit la moitié du corps ; mais alors elles crèvent avec un bruit extraordinaire. Leur chair fermente ; il se fait de si grands trous au ventre qu'une partie des boyaux en sort. La vapeur qui s'en exhale enflamme les yeux et n'y cause pas moins de douleur que si l'on y avait jeté de la chaux vive. Des baleines qui remontent en vie sur l'eau, les unes paraissent seulement étonnées, d'autres sont farouches et furieuses. On a besoin alors d'une extrême précaution pour s'en approcher, car, pour peu que l'air soit serein, une baleine entend le mouvement des rames. Dans cet état, on lui lance un nouveau harpon, quelquefois deux, suivant l'opinion qu'on a de ses forces. Ordinairement elle replonge. Cependant quelques-unes se mettent à nager au niveau de l'eau, en agitant la queue et les nageoires. Si, dans ce mouvement, la corde s'entortille autour de la queue, le harpon en est plus ferme, et l'on ne craint pas qu'il se détache.

Les baleines blessées rejettent l'eau de toutes leurs forces ; on les entend d'aussi loin que le bruit d'un gros canon ; mais lorsqu'elles ont perdu tout leur sang, ou qu'elles sont tout-à-fait lasses, elles ne rejettent l'eau que faiblement et comme par gouttes. Avec l'eau qu'elles font rejaillir par leurs naseaux, elles jettent aussi une espèce de graisse qui nage sur l'eau, et que les mallemuckes avalent fort avidement.

S'il arrive qu'un harpon se brise ou se détache, les pêcheurs d'un autre vaisseau qui s'en aperçoivent ne manquent point de lancer leur propre harpon, et, s'ils frappent la baleine, elle leur appartient. Quelquefois une baleine est frappée en même temps de deux harpons lancés par deux vaisseaux différents. Alors les deux vaisseaux y ont un droit égal, et chacun en obtient la moitié. Tous les canots qui accompagnent celui d'où le harpon est lancé attendent que la baleine remonte, et la pressent à coups de lances. Ce moment est toujours le plus dangereux, car le canot qui a lancé le harpon, quoique entraîné par la baleine, s'en trouve ordinairement fort éloigné ; au lieu que les autres, qui viennent la frapper de leurs lances, sont comme sur elle, ou du moins à ses côtés, et ne peuvent guère éviter d'en recevoir des coups très rudes, suivant la violence de ses mouvements. Sa queue et ses nageoires battent si furieusement l'eau, qu'elles la font sauter et retomber comme en poussière. Ce choc peut briser un canot ; mais on a déjà remarqué que les grands vaisseaux n'en reçoivent aucun dommage, et qu'au contraire l'animal en souffre beaucoup : il en saigne si fort qu'il achève de perdre ses forces, et le vaisseau demeure tout rouge de son sang.

Les lances sont composées d'une hampe d'environ dix pieds de longueur, et d'un fer pointu long de cinq pieds, qui doit être médiocrement trempé, afin qu'il puisse plier sans se rompre. Après avoir enfoncé la lance, on la remue de divers côtés pour élargir la blessure. Il arrive quelquefois que les lances de trois ou quatre canots demeurent enfoncées dans le corps d'une baleine.

Aussitôt que l'animal est mort, on lui coupe la queue, parce que, étant transversale, elle retarderait la marche des canots. Quelques pêcheurs allemands gardent la queue et les nageoires, et les suspendent au côté du vaisseau pour le garantir des glaces lorsqu'il s'en trouve assiégé. Les canots étant amarrés à la queue les uns des autres, on attache la baleine à l'arrière du dernier, et l'on retourne au vaisseau dans cet ordre. En y arrivant, la baleine y est amarrée avec des cordes, la tête vers la poupe, et la queue vers la proue. Ensuite deux canots se placent de l'autre côté de l'animal, et se maintiennent dans cette situation par une longue gaffe qu'un matelot ou un mousse appuie contre le navire. Le harponneur de chaque canot est sur l'avant ou sur la baleine même, vêtu d'un habit de

4

cuir, et quelquefois en bottes. On fiche des crampons de fer dans le corps de la baleine pour se tenir ferme sur sa peau, parce qu'elle est si glissante qu'on s'y laisse tomber comme sur la glace. Deux pêcheurs, chargés de couper le lard, reçoivent pour leur peine quatre ou cinq rixdalers. La première pièce qu'ils doivent couper est celle du derrière de la tête, près des yeux, dont elle est l'enveloppe : c'est la plus grosse; toutes les autres se coupent en tranches le long du corps. La longueur de cette première pièce, lorsqu'elle est posée debout, s'étend depuis la surface de l'eau jusqu'à la hune du grand mât. Ensuite on coupe d'autres pièces, qu'on tire aussi sur le pont, et les matelots qui sont à bord les découpent en morceaux carrés d'un pied de longueur. Leurs couteaux, avec les manches, sont à peu près de la longueur d'un homme. A mesure qu'on détache les pièces de la baleine, on la lève avec des poulies pour se donner plus de facilité à la dépecer; les morceaux carrés sont découpés en morceaux beaucoup plus petits, qu'on jette dans les tonneaux. Durant cette opération, on a soin de se tenir éloigné du lard autant qu'il est possible, parce qu'on pense qu'il pourrait causer une contraction de nerfs capable de rendre perclus des mains et des bras.

DANSES CHEZ LES GROENLANDAIS.

Quand le froid et la nuit les rassemblent autour de leurs foyers, au défaut des travaux qui doivent entretenir la chaleur et le mouvement, ils sont obligés d'imaginer des jeux et des exercices, des festins et des danses, des moyens, en un mot, de faire circuler le sang dans leurs veines jusqu'aux extrémités du corps. Par une suite de ce besoin, les Groënlandais s'assemblent et s'invitent de toutes parts à manger ce qu'ils ont de meilleur, allant tour à tour de cabane en cabane chercher la bonne chère, en attendant la peine. S'ils n'ont pas, comme nous, le barbare et sot plaisir de s'enivrer, en revanche ils mangent d'autant plus qu'ils ne boivent que de l'eau.

Quand ils se sont gorgés à crever, ils se lèvent de table pour danser au bruit du tambour. Cet instrument est fait d'un cerceau de baleine ou de bois, large de deux doigts, courbé en ovale, où l'on a tendu un vélin très fort quoique assez mince; ce vélin est tiré de la peau d'une langue de baleine, et l'ellipse qu'il forme sur le tambour n'a guère qu'un pied et demi de longueur. Ce tambour, fait en forme de raquette, se tient de la main gauche par un manche, tandis qu'on le frappe de la droite avec une baguette. A chaque coup, celui qui bat le tambour fait un saut sans sortir de sa place, avec des mouvements de tête et de tout le corps. La mesure est juste, et les temps sont marqués à deux coups pour la valeur d'une croche. Le ménétrier accompagne sa musique et sa danse d'une chanson sur la pêche aux phoques, sur les exploits maritimes de la nation, les hauts faits de ses ancêtres, et sur le retour du soleil à l'horizon du Groënland. L'assemblée répond au chantre par des sauts et des cris de joie, entrecoupant les couplets de sa chanson de ce refrain, qu'on répète en chœur : *Amna-aiah, aiah-ah-ah !*

Quand ce chantre a joué de cette façon à peu près un acte, ou plutôt une scène qui dure un quart d'heure, il se retire tout hors d'haleine, baigné de sueur, et presque épuisé du chant, des cris, des sauts, des contorsions et des grimaces dont il a diverti l'assemblée. Un autre prend aussitôt sa place et son rôle. Le jeu dure ainsi toute la nuit; on dort le lendemain jusqu'au soir, où la fête recommence par le souper, suivi du bal. Plusieurs jours se passent de même, jusqu'à ce qu'il n'y ait plus de provisions de bouche au théâtre, ou que les acteurs aient entièrement perdu les forces et la voix.

CROYANCES DES GROENLANDAIS.

Les Groënlandais les plus sensés, dit-on, mais qui ne font pas à beaucoup près le plus grand nombre, croient à une âme spirituelle, qui ne se nourrit point des mêmes aliments que le corps, qui survit à la corruption de ce moule fragile, mais se soutient on ne sait comment. De cette idée d'immortalité naît la croyance d'une vie à venir qui ne finira jamais; et c'est sur ce genre de vie éternelle que s'exercent la bizarrerie et la liberté des opinions.

Comme les Groënlandais tirent de la mer la meilleure partie de leur subsistance, ils placent leur Elysée au fond de l'Océan, ou dans les entrailles de la terre, sous ces rochers qui servent de digue et de soutien aux eaux. Là, disent-ils, règne un été perpétuel (car ils ne connaissent pas de printemps), le soleil n'y laisse pas entrer la nuit, les eaux y sont toujours claires; tous les biens y abondent, c'est-à-dire les rennes, les eiders, les poissons; mais surtout les phoques s'y pêchent sans aucune peine, et tombent tout vivants dans des chaudières toujours bouillantes. Mais pour arriver à ces demeures fortunées il faut l'avoir mérité par l'adresse et la constance au travail : c'est la première vertu des Groënlandais; il faut s'être signalé par des exploits à la pêche, avoir dompté les baleines et les monstres marins, avoir péri dans la mer (car c'est le champ d'honneur), avoir souffert de grands maux.

Les âmes n'abordent pas en dansant à cet Elysée, mais doivent y glisser pendant cinq jours le long d'un rocher escarpé, tout hérissé de pointes et couvert de sang. On doute si cette opinion n'est pas restée aux Groënlandais de quelque idée du purgatoire que les Européens y apportèrent il y a neuf ou dix siècles. Les âmes qui doivent acheter l'Elysée par un si rude voyage dans l'hiver, portées sur les ailes de la tempête qui les précipite, courent le risque d'éprouver en route une seconde mort qui serait suivie de l'anéantissement : c'est ce que les Groënlandais craignent le plus. Aussi la commisération pour ces âmes souffrantes fait que les parents d'un mort sont pendant cinq jours obligés de s'abstenir de certains aliments (sans doute par une espèce de jeûne) et de tout travail bruyant, si ce n'est celui qu'exige absolument la pêche, de peur de troubler, de fatiguer ou même de faire périr l'âme qui est en route pour l'Elysée.

D'autres placent leur paradis dans les cieux, au-dessus des nuages. Il est si facile à l'âme de voler aux astres que, dès le premier soir de son voyage, elle arrive à la lune, où elle danse et joue aux boules avec les autres âmes : car les aurores boréales ne sont, à l'imagination des Groënlandais, que la danse des âmes. Elles ont leurs tentes autour d'un grand lac, où foisonnent le poisson et les eiders. Quand ce lac déborde la terre a des pluies, et, s'il rompait ses digues, elles éprouveraient un déluge universel. On voit que tous les peuples ignorants et sauvages sont prêts à imaginer les mêmes rêveries sur la cause des grandes catastrophes du monde. Cependant on est porté à croire que ces fables ne sont qu'un reste défiguré de la religion juive, que la tradition a fait circuler et voyager jusqu'aux pôles.

Les partisans de l'Elysée souterrain disent que le paradis céleste est fait pour les paresseux et pour les sorciers, dont les âmes maigriront ou mourront de faim dans les espaces vides de l'air, ou qu'elles y seront perpétuellement infestées et harcelées par des corbeaux, ou qu'elles n'y auront ni paix ni trève, emportées dans les cieux comme par les ailes d'un moulin. Les partisans du paradis prétendent qu'ils n'y manqueront jamais de nourriture, parce qu'on y mange des têtes de phoques, qui renaissent sans doute de la digestion, car elles ne se consument point. Les sages du Groënland se moquent des deux sectes, et se contentent de dire qu'ils ne savent point quelle sera la nourriture ni l'occupation des âmes après cette vie, mais qu'elles habiteront certainement une demeure de paix. Ceux d'entre eux qui croient à un enfer le placent dans les régions de la terre où la lumière et la chaleur n'entrent jamais ; séjour livré aux remords et aux inquiétudes. Ceux-là, retenus par la crainte de ces peines, mènent une vie régulière et irréprochable.

Ce sont à peu près les idées de religion qu'on trouve chez les peuples de l'Amérique et les Tartares de l'Asie. Mais voici quelque chose de plus bizarre encore. Le soleil et la lune étaient frère et sœur. Ils jouaient un jour avec d'autres enfants dans les ténèbres, lorsque Malina, ennuyée des poursuites de son frère Anninga, frotta ses mains à la suie des lampes, et barbouilla le visage de celui qui la poursuivait, afin de le reconnaître au grand jour ; et de là viennent les taches de la lune. Malina voulut s'échapper ; mais son frère la poursuivit jusqu'à ce que, prenant son vol dans les cieux, elle y fut changée en soleil ; et son frère restant en chemin fut la lune, qui poursuit encore le soleil, et tourne autour de lui comme pour l'attraper. Lorsqu'il est harassé de fatigue et de faim (c'est au dernier quartier), il met son équipage de chasse et de pêche sur un traîneau tiré par quatre grands chiens, et reste quelques jours à se refaire et à s'engraisser, ce qui produit la pleine lune.

Cet astre se réjouit de la mort des femmes, et le soleil de celle des hommes ; aussi les uns ferment leurs portes aux éclipses du soleil, et les autres aux éclipses de la lune ; car Anninga rôde alors autour des maisons pour piller les viandes et les peaux, et pour tuer ceux qui n'ont pas fidèlement observé l'abstinence ou la diète religieuse que les devins ont prescrite sans doute. Aussi cache-t-on alors ces provisions, et les hommes, portant leurs effets et leurs chaudières sur le toit de la maison, frappent dessus à coups redoublés, en parlant tous ensemble, pour effrayer la lune, et l'obliger de retourner à sa place. Aux éclipses de soleil, les femmes prennent les chiens par les oreilles : s'ils crient, c'est un signe certain que la fin du monde n'est pas encore prochaine, car les chiens, qui existaient avant les hommes, doivent avoir un plus sûr pressentiment de l'avenir ; mais s'ils ne criaient pas, malheur qu'on a soin de prévenir par le mal qu'on leur fait, tout serait perdu, l'univers croulerait, il n'y aurait plus de Groënlandais.

Lorsqu'il tonne, par hasard, ce sont deux vieilles femmes qui habitent une petite maison dans l'air, et s'y battent pour une peau de phoque bien tendue. Dans la dispute, la maison s'écroule, les lampes sont brisées, et le feu se disperse dans les airs. Telle est la cause du tonnerre et des éclairs.

CHANT DE MORT ET FUNÉRAILLES CHEZ LES GROENLANDAIS.

Voici une chanson funèbre rapportée par Dalager, et prononcée par un père qui pleure la mort de son fils :

« Malheur à moi, qui vois ta place accoutumée, et qui la trouve vide ! elles sont donc perdues les peines de ta mère pour sécher tes vêtements ! Hélas ! ma joie est tombée en tristesse ; elle est tombée dans les cavernes des montagnes. Autrefois, lorsque je revenais le soir, je rentrais content, j'ouvrais mes faibles yeux pour te voir, j'attendais ton retour. Ah ! quand tu partais, tu voguais, tu ramais avec une vigueur qui défiait les jeunes et les vieux. Jamais tu ne revenais de la mer les mains vides, et ton kaiak rapportait toujours sa charge d'eiders ou de phoques. Ta mère allumait le feu, pressait la chaudière, et faisait bouillir la pêche de tes mains. Ta mère étalait ton butin à tous les conviés du voisinage, et j'en prenais aussi ma portion. Tu voyais de loin le pavillon d'écarlate de la chaloupe, et tu criais de joie : Voilà le marchand qui vient! Tu sautais aussi à son bord, et ta main s'emparait du gouvernail de sa chaloupe. Tu montrais ta pêche, et ta mère en séparait la graisse. Tu recevais des chemises de lin et des lames de fer pour le prix du fruit de tes harpons et de tes flèches. Mais à présent, hélas! tout est perdu. Ah! quand je pense à toi, mes entrailles s'émeuvent au-dedans de moi. Oh! si je pouvais pleurer comme les autres, du moins je soulagerais ma peine. Eh! qu'ai-je à souhaiter désormais en ce monde! La mort est ce qu'il y a de plus désirable pour moi. Mais, si je mourais, qui prendrait soin de ma femme et de nos autres enfants! Je vivrai donc encore un peu de temps, mais privé de tout ce qui réjouit et console l'homme sur la terre. »

Après l'enterrement, ceux qui ont accompagné le convoi retournent à la maison du deuil. Les hommes y sont assis dans un morne silence, les coudes appuyés sur leurs genoux et la tête dans leurs mains; les femmes, prosternées la face contre terre, pleurent et sanglotent à petit bruit. A chaque période ou strophe de la chanson funèbre, l'assemblée l'interrompt par des pleurs et des lamentations éclatantes qui redoublent à la fin de l'éloge. Le gémissement des femmes surtout est d'un ton vraiment lugubre et touchant. Une pleureuse mène ce concert funèbre, qu'elle entrecoupe de temps en temps par quelques mots échappés à la douleur; mais les hommes ne se font entendre que par des sanglots. Enfin le reste des provisions comestibles que le défunt a laissées est étalé sur le plancher, et les gens du deuil s'en régalent. Ils répètent leurs visites de condoléance durant une semaine ou quinze jours, tant qu'il y a des vivres chez le mort.

Les lamentations se renouvellent, pour une demi-heure chaque jour, durant des semaines et quelquefois un an entier, selon l'âge qu'avait le défunt ou l'importance dont il était à sa famille. Quelquefois on va le pleurer sur sa tombe, et les femmes surtout aiment à lui réitérer ces tristes devoirs. Les hommes, moins sensibles, ne portent guère d'autres marques de deuil que les cicatrices des blessures qu'ils se font quelquefois dans les premiers transports de la douleur, comme une preuve d'une affliction profonde qui pénètre l'âme et le corps tout à la fois.

ASIE.

Avant de parler de l'Asie, nous devons citer trois hommes célèbres par leurs voyages dans cette partie du monde.

ALBUQUERQUE.

ALPHONSE D'ALBUQUERQUE, surnommé le Mars Portugais, naquit à Lisbonne en 1452. Nommé vice-roi des Indes orientales par don Emmanuel de Portugal, il établit la domination de ce prince dans le pays où il avait été envoyé. Il conquit successivement Goa, Malaca, Adem, et se rendit maître d'Ormus dans le golfe Persique. Il mourut en 1515, accablé par l'injustice d'Emmanuel, qui, sur de faux rapports, l'avait dépouillé d'une charge si glorieusement méritée.

VASCO DE GAMA.

Vasco de Gama, né en Portugal, a découvert le passage aux Indes Orientales par le cap de Bonne-Espérance : c'est là surtout ce qui l'a immortalisé. Il partit en 1497 une première fois sans succès; puis en 1502, après s'être vengé des insultes qu'il avait reçues des princes barbares, il revint en Portugal avec treize vaisseaux chargés de richesses. Enfin le roi Jean III l'ayant nommé vice-roi des Indes en 1524, il partit une troisième fois; mais à peine avait-il établi son siège à Cochin qu'il mourut. Vasco de Gama méritait mieux que Ulysse d'être le héros d'un poème épique.

Albuquerque et Gama ont frayé la voie à de nombreux voyageurs. Un des plus célèbres et des premiers fut Tavernier.

TAVERNIER.

Jean-Baptiste Tavernier était né, en 1605, à Paris, où son père, natif d'Anvers, était venu s'établir pour y faire le commerce des cartes géographiques. Il parcourut comme joaillier la plus grande partie du globe, et amassa une fortune considérable. Ses · voyages sont remplis de faits très curieux.

MARCHANDS DE DIAMANTS A GOLCONDE.

La manière de traiter entre ces marchands mérite particulièrement une observation. Tout ce passe dans le plus profond silence. Le vendeur et l'acheteur sont assis l'un devant l'autre comme deux tailleurs. L'un des deux ouvrant sa ceinture, le vendeur prend la main droite de l'acheteur et la couvre avec la sienne de cette ceinture, sous laquelle le marché se fait secrètement, quoiqu'en présence de plusieurs autres marchands qui peuvent se trouver dans la même salle ; c'est-à-dire que les deux intéressés ne se parlent ni de la bouche, ni des yeux, mais seulement de la main. Si le vendeur prend toute la main de l'acheteur, ce signe exprime mille; autant de fois qu'il la lui presse, ce sont autant de mille pagodes ou de mille roupies, suivant les espèces dont il est question. S'il ne prend que les cinq doigts, il n'exprime que cinq cents. Un doigt signifie cent. La moitié du doigt jusqu'à la jointure du milieu signifie cinquante, et le petit bout du doigt jusqu'à la première jointure signifie dix. Il arrive souvent que, dans un même lieu et devant quantité de témoins, une même partie se vend sept à huit fois sans qu'aucun autre que les intéressés sache à quel prix elle est vendue. A l'égard du poids des pierres, on n'y peut être trompé que dans les marchés clandestins. Lorsqu'elles s'achètent publiquement, c'est toujours aux yeux d'un officier du roi, qui, sans retirer aucun bénéfice des particuliers, est chargé de peser les diamants, et tous les marchands doivent s'en rapporter à son témoignage.

LES SINGES.

Tavernier passa dans le bourg d'Oudecot, où l'on ne voit de toutes parts que des forêts de bambous d'une hauteur égale à nos plus hautes futaies. Il s'en trouve de si épaisses qu'elles sont inaccessibles aux hommes; mais elles sont peuplées d'une prodigieuse quantité de singes. On avait raconté à Tavernier que les singes qui habitent un côté du chemin étaient si mortels ennemis de ceux qui occupent les forêts du côté opposé, que, si le hasard en fait passer un d'un côté à l'autre, il est étranglé sur-le-champ. Le gouverneur de Paliacate lui avait parlé du plaisir qu'il avait eu à les voir combattre, et lui avait appris comment on se procure ce spectacle. Dans tout ce canton le chemin est fermé, de lieue en lieue, par des portes et des barricades où l'on fait une garde continuelle, avec la précaution de demander aux passants où ils vont et d'où ils viennent ; de sorte qu'un voyageur y peut marcher sans crainte et porter son or à la main. L'abondance n'y règne pas moins que la sûreté, et l'on y trouve à chaque pas l'occasion d'acheter du riz. Ceux qui veulent être témoins d'un combat de singes font mettre dans le chemin cinq ou six corbeilles de riz, éloignées de quarante ou cinquante pas l'une de l'autre, et près de chaque corbeille cinq ou six bâtons de deux pieds de long et de la grosseur d'un pouce. On se retire ensuite un peu plus loin. Bientôt on voit les singes descendre des deux côtés du sommet des bambous, et sortir du bois pour s'approcher des corbeilles. Ils sont d'abord près d'une demi-heure à se montrer les dents ; tantôt ils avancent, tantôt ils reculent, comme s'ils appréhendaient d'en venir au choc. Enfin les femelles, qui sont plus hardies que les mâles, surtout celles qui ont des petits, qu'elles portent entre leurs bras comme une femme porte son enfant, s'approchent d'une proie qui les tente, et mettent la tête dans les corbeilles. Alors les mâles du parti opposé fondent sur elles, et les mordent sans ménagement. Ceux de l'autre côté s'avancent aussi pour soutenir leurs femelles, et la mêlée devenant furieuse, ils prennent les bâtons qu'ils trouvent près des corbeilles, avec lesquels ils commencent un rude combat. Les plus faibles sont obligés de céder ; ils se retirent dans les bois, estropiés de quelque membre, ou la tête fendue, tandis que les vainqueurs, demeurant maîtres du champ de bataille, mangent avidement le riz.

Un Anglais qui tua un singe faillit d'être étranglé par soixante de ces animaux qui descendirent des arbres, et dont il ne fut délivré que par le secours d'un grand nombre de valets.

INDOSTAN. — PALAIS IMPÉRIAL.

Le palais impérial n'a pas moins d'une demi-lieue de circuit ; les murailles sont de belles pierres de taille, avec des créneaux et des tours ; les fossés sont pleins d'eau et revêtus de la même pierre ; le grand portail du palais n'a rien de magnifique, non plus que la première cour, où les seigneurs peuvent entrer sur leurs éléphants ; mais après cette cour on trouve une sorte de rue ou de grand passage dont les deux côtés sont bordés de beaux portiques, sous lesquels une partie de la garde à cheval se retire dans plusieurs petites chambres. Ils sont élevés d'environ deux pieds, et les chevaux qui sont attachés au-dehors, à des anneaux de fer, ont leurs mangeoires sur les bords. Dans quelques endroits on voit de grandes portes qui conduisent à divers appartements. Ce passage est divisé par un canal plein d'eau qui laisse un beau chemin des deux côtés, et qui forme de petits bassins à d'égales distances; il mène jusqu'à l'entrée d'une grande cour où les omhras font la garde en personne; cette cour est environnée de logements assez bas, et les chevaux sont attachés devant chaque porte. De la seconde on passe dans une troisième par un grand portail, à côté duquel on voit une petite salle élevée de deux ou trois pieds, où l'on prend les vestes dont l'empereur honore ses sujets ou les étrangers. Un peu plus loin, sous le même portail, est le lieu où se tiennent les tambours, les trompettes et les hautbois, qui se font entendre quelques moments avant que l'empereur se montre en public, et lorsqu'il est prêt à se retirer. Au fond de cette troisième cour, on découvre le divan ou la salle d'audience, qui est élevée de quatre pieds au-dessus du rez-de-chaussée, et tout-à-fait ouverte de trois côtés; trente-deux colonnes de marbre, d'environ quatre pieds en carré, avec leurs piédestaux et leurs moulures, soutiennent la voûte.

C'est au milieu de cette salle, et près du bord qui regarde la cour, en forme de théâtre, qu'on dresse le trône où l'empereur donne audience et dispense la justice. C'est un petit lit, de la grandeur de nos lits de camp, avec ses quatre colonnes, un ciel, un dossier, un traversin et la courte-pointe. Toutes ces pièces sont couvertes de diamants; mais, lorsque l'empereur s'y vient asseoir, on étend sur le lit une couverture de brocart d'or, ou de riche étoffe piquée. Il y monte par trois petites marches de deux pieds de long. A l'un des côtés on élève un parasol sur un bâton de la longueur d'une demi-pique, et l'on attache à chaque colonne du lit une des armes de l'empereur, c'est-à-dire sa rondache, son sabre, son arc, son carquois et ses flèches.

Dans la cour au-dessous du trône on a ménagé une place de vingt pieds en carré, entourée de balustres qui sont couverts tantôt de lames d'argent, tantôt de lames d'or. Les quatre coins de ce parquet sont la place des secrétaires d'état, qui font aussi la fonction d'avocat dans les causes civiles et criminelles. Le tour de la balustrade est occupé par les seigneurs et par les musiciens : car, pendant le divan même, on ne cesse pas d'entendre une musique fort douce, dont le bruit n'est pas capable d'apporter de l'interruption aux affaires les plus sérieuses. L'empereur, assis sur son trône, a près de lui quelqu'un des premiers seigneurs, ou ses seuls enfants. Entre onze heures et midi, le premier ministre d'état vient lui faire l'exposition de tout ce qui s'est passé dans la chambre où il préside, qui est à l'entrée de la première cour, et, lorsque son rapport est fini, l'empereur se lève; mais, pendant que ce monarque est sur le trône, il n'est permis à personne de sortir du palais. Tavernier fait valoir l'honneur qu'on lui fit de l'exempter de cette loi.

Vers le milieu de la cour on trouve un petit canal, large d'environ six pouces, où, pendant que le roi est sur son trône, tous ceux qui viennent à l'audience doivent s'arrêter. Il ne leur est pas permis d'avancer plus loin sans être appelés, et les ambassadeurs mêmes ne sont pas exempts de cette loi. Lorsqu'un ambassadeur est venu jusqu'au canal, l'introducteur crie, vers le divan où l'empereur est assis, que le ministre de telle puissance souhaite de parler à sa majesté : alors un secrétaire d'état avertit l'empereur, qui feint souvent de ne pas l'entendre ; mais quelques moments après, il lève les yeux, et les jetant sur l'ambassadeur, il donne ordre au même secrétaire de lui faire signe qu'il peut s'approcher.

FANATISME DES PÉLERINS DE LA MECQUE.

Les pélerins javans de l'ordre du peuple, surtout les fakirs, qui vont à la Mecque, s'arment ordinairement, à leur retour, de leur cric, espèce de poignard dont la moitié de la lame est empoisonnée, et quelques-uns s'engagent par vœu à tuer tout ce qu'ils rencontreront d'infidèles, c'est-à-dire de gens opposés à la loi de Mahomet. Ces fanatiques exécutent leur résolution avec une rage incroyable, jusqu'à ce qu'ils soient tués eux-mêmes. Alors ils sont regardés comme saints par toute la populace, qui les enterre avec beaucoup de cérémonie, et qui contribue volontairement à leur élever de magnifiques tombeaux. Quelque dervis se construit une hutte auprès du monument, et se consacre pour toute sa vie à le tenir propre, avec le soin continuel d'y jeter des fleurs. Les ornements croissent avec les aumônes, parce que plus la sépulture est belle, plus la dévotion augmente avec l'opinion de la sainteté.

Tavernier raconte une aventure du même genre qui fait frémir. « Je me souviens, dit-il, qu'en 1642 il arriva au port de Surate un vaisseau du Grand-Mogol, revenant de la Mecque, où il y avait quantité de ces fakirs : car tous les ans ce monarque envoie deux grands vaisseaux à la Mecque pour y porter gratuitement les pélerins. Ces bâtiments sont chargés d'ailleurs de bonnes marchandises qui se vendent, et dont le profit est pour eux. On ne rapporte que le principal, qui sert pour l'année suivante, et qui est au moins de six cent mille roupies. Un des fakirs qui revenaient alors ne fut pas plutôt descendu à terre qu'il donna des marques d'une furie diabolique. Après avoir fait sa prière, il prit son poignard, et courut se jeter au milieu de plusieurs matelots hollandais qui faisaient décharger les marchandises de quatre vaisseaux qu'ils avaient au port. Cet enragé, sans leur laisser le temps de se reconnaître, en frappa dix-sept, dont treize moururent. Il était armé d'un cangiar, sorte de poignard dont la lame a trois doigts de large par le haut. Enfin le soldat hollandais qui était en sentinelle à l'entrée de la tente des marchands lui donna au milieu de l'estomac un coup de fusil dont il tomba mort. Aussitôt tous les autres fakirs qui se trouvèrent dans le même lieu, accompagnés de quantité d'autres mahométans, prirent le corps et l'enterrèrent. Dans l'espace de quinze jours il eut une belle sépulture. Elle est renversée tous les ans par les matelots anglais et hollandais, pendant que leurs vaisseaux sont au port, parce qu'ils sont les plus forts; mais à peine sont-ils partis que les mahométans la font rétablir, et qu'ils y plantent des enseignes. »

ÉCURIES DU GRAND-MOGOL.

Les écuries du Grand-Mogol répondent au nombre de ses soldats. Elles sont peuplées d'une multitude prodigieuse de chevaux et d'éléphants. Le nombre de ses chevaux est d'environ douze mille, dont on ne choisit à la vérité que vingt ou trente pour le service de sa personne ; le reste est pour la pompe ou destiné à faire des présents. C'est l'usage des Grands-Mogols de donner un habit et un cheval à tous ceux dont ils ont reçu le plus léger service. On fait venir tous ces chevaux de Perse, d'Arabie et surtout de la Tartarie. Il en vient tous les ans plus de cent mille de

Bockara et de Caboul; profit considérable pour les douanes de l'empire, qui font payer vingt-cinq pour cent de leur valeur. Les meilleurs sont séparés pour le service du prince, et le reste se vend à ceux qui, par leur emploi, sont obligés de monter la cavalerie. Leur nourriture, aux Indes, n'est pas semblable à celle qu'on donne en Europe, parce que, dans un pays si chaud, on ne recueille guère de fourrage que sur le bord des rivières. On y supplée par des pâtes assaisonnées.

Les éléphants sont tout à la fois une des forces de l'empereur mogol et l'un des principaux ornements de son palais. Il en nourrit jusqu'à cinq cents, pour lui servir de monture, sous de grands portiques bâtis exprès. Il leur donne lui-même des noms pleins de majesté, qui conviennent aux propriétés naturelles de ces grands animaux. Leurs harnais sont d'une magnificence qui étonne. Celui que l'empereur monte a sur le dos un trône éclatant d'or et de pierres précieuses. Les autres sont couverts de plaques d'or et d'argent, de housses en broderies d'or, de campanes et de franges d'or. L'éléphant du trône, qui porte le nom d'*Aureng-gas*, c'est-à-dire capitaine des éléphants, a toujours un train nombreux à sa suite. Il ne marche jamais sans être précédé de timballes, de trompettes et de bannières. Il a triple paye pour sa dépense. La cour entretient d'ailleurs dix hommes pour le service de chaque éléphant : deux qui ont soin de l'exercer, de le conduire et de le gouverner; deux qui lui attachent ses chaines; deux qui lui fournissent son vin et l'eau qu'on lui fait boire; deux qui portent la lance devant lui, et qui font écarter le peuple; deux qui allument des feux d'artifice devant ses yeux pour l'accoutumer à cette vue; un pour lui ôter sa litière et lui en fournir de nouvelle; un autre enfin pour chasser les mouches qui l'importunent, et pour le rafraîchir, en lui versant par intervalles de l'eau sur le corps. Ces éléphants du palais sont également dressés pour la chasse et pour le combat. On les accoutume au carnage en leur faisant attaquer des lions et des tigres.

5

BERNIER.

En médecin célèbre, en philosophe distingué, en observateur également sensible et judicieux, qui voyagea dans le dessein de s'instruire et de se rendre utile à l'instruction d'autrui, Bernier nous a laissé des remarques estimées sur l'empire du Mogol.

Natif d'Angers, Bernier fut pendant douze ans médecin du Grand-Mogol. Il revint en France en 1670, et mourut à Paris en 1688. Nous lui empruntons seulement la description suivante.

CHASSE AU LION DANS L'INDOSTAN.

De toutes les chasses, Bernier trouva celle du lion la plus curieuse et la plus noble. Elle est réservée à l'empereur et aux princes de son sang. Lorsque ce monarque est en campagne, si les gardes des chasses découvrent la retraite d'un lion, ils attachent dans le lieu voisin un âne, que le lion ne manque pas de venir dévorer; après quoi, sans chercher d'autre proie, il va boire, et revient dormir dans son gîte ordinaire jusqu'au lendemain, qu'on lui fait trouver un autre âne attaché comme le jour précédent. On l'appâte ainsi pendant plusieurs jours. Enfin, lorsque l'empereur approche, on attache au même endroit un âne, auquel on fait avaler quantité d'opium, afin que sa chair puisse assoupir le lion. Les gardes, avec tous les paysans des villages voisins, tendent de vastes filets qu'ils resserrent par degrés. L'empereur, monté sur un éléphant bardé de fer, accompagné du grand-maître, de quelques omhras montés aussi sur des éléphants, d'un grand nombre de gourze-berdars à cheval, et de plusieurs gardes des chasses armés de demi-piques, s'approche du dehors des filets, et tire le lion. Ce fier animal, qui se sent blessé, ne manque pas d'aller droit à l'éléphant; mais il rencontre les filets qui l'arrêtent, et l'empereur le tire tant de fois qu'à la fin il le tue. Cependant Bernier en vit un dans la dernière chasse qui sauta par dessus les filets, et qui se jeta vers un cavalier dont il tua le cheval. Les chasseurs n'eurent pas peu de peine à le faire rentrer dans les filets.

Cette chasse jeta l'armée dans un terrible embarras. Bernier raconte qu'on fut trois ou quatre jours à se dégager des torrents qui descendent des montagnes entre les bois et de grandes herbes, où les chameaux ne paraissaient presque point. «Heureux, dit-il, ceux qui avaient fait quelque provision, car tout était en désordre! Les bazars n'avaient pu s'établir. Les villages étaient éloignés. Une raison singulière arrêtait l'armée : c'était la crainte que le lion ne fût échappé aux armes de l'empereur. Comme c'est un heureux augure qu'il tue un lion, c'en est un très mauvais qu'il le manque : on croirait l'Etat en danger. Aussi le succès de cette chasse est-il accompagné de plusieurs grandes cérémonies. On apporte le lion mort devant l'empereur dans l'assemblée générale des omhras, on l'examine, on le mesure; on écrit dans les archives de l'empire que, tel jour, tel empereur tua un lion de telle grandeur et de tel poil ; on n'oublie pas la mesure de ses dents et de ses griffes, ni les moindres circonstances d'un si grand événement. »

CHINE. — AUDIENCE IMPÉRIALE.

Du 13e siècle, époque où écrivait Marco-Polo, pour trouver quelque chose qui soit digne d'attention, il faut passer au commencement du 15e siècle, à l'ambassade qu'envoya Schah-Rokh, fils et successeur de Tamerlan, à l'empereur du Catay.

La description de l'audience donnée aux ambassadeurs de Schah-Rokh mérite d'être rapportée. Parmi les différents spectacles de magnificence orientale, celui-ci présente des traits singuliers.

Aussitôt que le jour parut, les tambours, les trompettes, les flûtes, les hautbois et les cloches commencèrent à se faire entendre; en même temps les trois portes s'ouvrirent, et le peuple s'avança tumultueusement pour voir l'empereur. Les ambassadeurs étant passés de la première cour dans la seconde, aperçurent un kiosk où l'on avait préparé une estrade triangulaire, haute de quatre coudées, et couverte de satin jaune, avec des dorures et des peintures qui représentaient le simorg ou le phénix, que les Catayens nomment l'*oiseau-royal*.

Sur l'estrade était un fauteuil ou un trône d'or massif. De chaque côté paraissaient des rangs d'officiers qui commandaient, les uns dix mille, d'autres mille, et d'autre cent hommes. Ils avaient à la main chacun sa tablette, longue d'une coudée, sur un quart de largeur, et ils tenaient les yeux fixés dessus, sans paraître occupés d'autre soin. Derrière eux était un nombre infini de gardes, tous dans un profond silence. Enfin l'empereur, sortant de son appartement, monta sur le trône par neuf degrés d'argent. Il était d'une taille moyenne, sa barbe était aussi d'une longeur médiocre, mais deux ou trois cents longs poils postiches lui descendaient du menton sur la poitrine. Des deux côtés du trône s'offraient deux jeunes filles, le visage et le cou à découvert, les cheveux noués au sommet de la tête, avec de riches pendants de perles aux oreilles. Elles tenaient à la main une plume et du papier, pour écrire soigneusement tout ce qui allait sortir de la bouche de l'empereur. On recueille ainsi toutes ses paroles, et, lorsqu'il se retire, on lui présente le papier, afin qu'il voie lui-même s'il juge à propos de faire quelque changement à ses ordres; ensuite on les porte au divan, qui est chargé de l'exécution.

Aussitôt que l'empereur fut assis, on fit avancer les sept ambassadeurs vis-à-vis son trône, et l'on fit approcher en même temps les criminels, au nombre de sept cents. Quelques-uns étaient liés par le cou, d'autres avaient la tête et les mains passées dans une planche, et la même planche en tenait jusqu'à six dans cette posture. Chacun était gardé par son geolier, qui le tenait par les cheveux. Le délit de chacun est écrit sur la planche qu'il porte autour du cou avec sa chaîne.

Les deux côtés du trône étaient gardés par cent douze soldats, dont chacun portait une enseigne différente, assortie à la couleur de son habillement; mais ils avaient tous la tête couverte d'un chapeau noir, garni de plumes jaunes. Près du trône étaient vingt-deux officiers qui tenaient à la main de riches écrans jaunes, dont la forme représentait des soleils. Ils étaient suivis de dix autres, qui portaient des cercles dorés de la même forme; et ceux-ci de six autres, qui portaient des cercles en forme de pleine lune. Après eux, on voyait seize gardes armés de demi-piques ou d'épieux, et couverts de rubans de soie de diverses couleurs. Ensuite paraissaient trente-six autres gardes, chacun portant un étendard orné d'une figure de dragon ou de quelque autre monstre. Derrière tous ces rangs étaient une infinité de courtisans, tous richement vêtus de la même sorte de soie et de la même couleur, comme d'une même livrée; ce qui relevait beaucoup l'éclat du spectacle. Devant les degrés qui conduisaient au trône, on avait placé des deux côtés six chevaux blancs, couverts de riches caparaçons, avec des brides parsemées de perles, de rubis et d'autres pierres précieuses.

MINUTIEUX CÉRÉMONIAL EN CHINE.

Il n'y a rien où les Chinois mettent plus de scrupule que dans les cérémonies et les civilités dont ils usent : ils sont persuadés qu'une grande attention à remplir tous les devoirs de la vie civile sert beaucoup à corriger la rudesse naturelle, à donner de la douceur au caractère, à maintenir la paix, l'ordre et la subordination dans un état. Parmi les livres qui contiennent leurs règles de politesse, on en distingue un qui en compte plus de trois mille différentes. Tout y est prescrit avec beaucoup de détails. Les saluts ordinaires, les visites, les présents, les festins, et toutes les bienséances publiques ou particulières, sont plutôt des lois que des usages introduits peu à peu par la coutume.

Le cérémonial est fixé pour les personnes de tous les rangs avec leurs égaux ou leurs supérieurs. Les grands savent quelles marques de respect ils doivent rendre à l'empereur et aux princes, et comme ils doivent se conduire entre eux. Les artisans mêmes, les paysans et la plus vile populace ont entre eux des règles qu'ils observent; ils ne se rencontrent point sans se donner mutuellement quelques marques de politesse et de complaisance. Personne ne peut se dispenser de ces devoirs, ni rendre plus ou moins que l'usage ne le demande.

Le tribunal du Li-pou tient si rigoureusement à faire observer les cérémonies de l'empire, qu'il ne veut pas même que les étrangers y manquent. Avant qu'un ambassadeur paraisse à la cour, l'usage veut qu'il soit instruit pendant quarante jours, et soigneusement exercé aux cérémonies, à peu près comme un comédien récite son rôle avant de monter sur le théâtre.

La politesse est fort bonne; mais l'excès même des bonnes choses est un inconvénient et un ridicule. La plupart de ces formalités se réduisent à la manière de s'incliner, de se mettre à genoux, et de se prosterner une ou plusieurs fois, suivant l'occasion, le lieu, l'âge ou la qualité des personnes, surtout lorsqu'on rend des visites, qu'on fait des présents et qu'on traite ses amis.

La méthode ordinaire des salutations pour les hommes consiste à joindre les mains fermées devant la poitrine, en les remuant d'une manière affectueuse, et de baisser un peu la tête en prononçant *tsin, tsin,* expression de politesse dont le sens n'est pas limité. Lorsqu'on rencontre une personne à qui l'on doit plus de déférence, on joint les mains, on les élève et on les abaisse jusqu'à terre, en inclinant profondément tout le corps. Si deux personnes de connaissance se rencontrent après une longue absence, toutes deux tombent à genoux et baissent la tête jusqu'à terre; ensuite, se relevant, elles recommencent deux ou trois fois la même cérémonie. Le mot de *fo,* qui signifie bonheur, se répète souvent dans les civilités chinoises.

Quand deux mandarins se rencontrent dans la rue, s'ils sont d'un rang égal, ils se saluent sans sortir de leur chaise et sans même se lever, en baissant d'abord leurs mains jointes, et les relevant ensuite jusqu'à la tête; ce qu'ils répètent plusieurs fois, jusqu'à ce qu'ils se perdent de vue. Mais si l'un est d'un rang inférieur, il doit faire arrêter sa chaise, ou descendre s'il est à cheval, et faire une profonde révérence. Les inférieurs évitent, autant qu'ils le peuvent, l'embarras de ces rencontres.

Rien n'est comparable au respect que les enfants ont pour leur père, et les écoliers pour leur maître : il parlent peu, et se tiennent toujours debout en leur présence. L'usage les oblige, surtout au commencement de l'année, au jour de leur naissance, et dans d'autres occasions, de les saluer à genoux, en frappant plusieurs fois la terre du front.

Les règles de la civilité ne s'observent pas moins dans les villages que dans les villes, et les termes qu'on emploie, soit à la promenade et dans les conversations, soit pour les salutations de rencontre, sont toujours humbles et respectueux. Jamais ils n'emploient dans leurs discours la première ni la seconde personne, à moins qu'ils ne parlent familièrement et entre amis, ou à des personnes d'un rang inférieur. *Je* et *vous* passeraient pour une incivilité grossière. Ainsi, au lieu de dire : « Je suis fort sensible au service que vous m'avez rendu », ils diront : « Le service que le seigneur, ou le docteur, a rendu au moindre de ses serviteurs, ou de ses écoliers, l'a touché très sensiblement. » De même un fils qui parle à son père prendra la qualité de son petit-fils, quoiqu'il soit l'aîné de la famille, et qu'il ait lui-même des enfants.

FUNÉRAILLES EN CHINE.

La piété filiale étant le principal fondement du gouvernement chinois, les anciens sages de la nation se persuadèrent que rien n'était plus capable d'inspirer aux enfants le respect et la soumission qu'ils doivent à leurs parents pendant leur vie, que de voir rendre aux morts des témoignages continuels de la plus profonde vénération. C'est pour cette raison que les rituels prescrivent avec tant d'exactitude toutes les cérémonies qui regardent les morts, selon que l'usage en est établi dans la religion dominante, qui est celle des lettrés ou des sectateurs de Confucius. Les autres sectes font profession de les pratiquer aussi, mais avec un mélange de superstition différent.

Suivant le cérémonial, lorsqu'un homme approche de sa dernière heure, on le prend dans son lit, on le couche à terre, afin que sa vie finisse où elle a commencé. De même, on place un enfant à terre aussitôt qu'il est né, comme chez les Juifs et d'autres nations, pour faire connaître qu'il doit retourner dans le lieu d'où il est venu. Lorsque le malade est expiré, on lui met dans la bouche un petit bâton qui l'empêche de se fermer. Alors une personne de la famille monte au sommet de la maison, avec les habits du mort, qu'il étend en l'air, en appelant son âme par son nom, et la conjurant de revenir; ensuite il retourne auprès du cadavre et le couvre de ses habits. On le laisse trois jours dans cet état, pour attendre s'il donnera quelque marque de vie avant qu'on le mette au cercueil.

On pense aussi à faire une canne ou un bâton d'appui, qui porte le nom de *chung*, afin que l'âme ait quelque soutien qui puisse lui servir à se reposer. Ce bâton se suspend ensuite dans quelque temple des morts. On fait aussi cette sorte de tablettes que les missionnaires appellent *tablettes des morts*, et qui sont nommées par les Chinois *trônes* ou *siéges de l'âme* :

car ils supposent que les âmes de leurs amis morts y font leur séjour, et qu'elles s'y nourrissent de la vapeur des aliments qu'on leur offre. En troisième lieu, on met dans la bouche du mort une pièce de monnaie d'or ou d'argent, du riz, du froment et quelques autres bagatelles. C'est dans cette vue qu'on la tient ouverte. Les personnes riches y mettent quelques perles. Toutes ces cérémonies sont prescrites dans le cérémonial et dans le livre nommé *Kay-yu*, qui est l'ouvrage de Confucius.

L'usage des Chinois, lorsque la maladie met un de leurs parents en danger, est d'appeler les bonzes pour employer le secours de leurs prières. Ces ministres de la religion viennent avec des petits bassins, des sonnettes et d'autres instruments, dont ils font assez de bruit pour hâter la mort du malade; mais ils prétendent, au contraire, que c'est un soulagement qu'ils lui procurent. Si la maladie augmente, ils assurent que l'âme est partie; et, vers le soir, trois ou quatre d'entre eux courent par la ville avec un grand bassin, un tambour et une trompette, dans l'espérance de la rappeler. Ils s'arrêtent un peu en traversant les rues; ils font retentir leurs instruments, et continuent leur marche. Le voyageur Navarette fut témoin de cette pratique. Ils parcoururent, dans la même vue, les champs voisins, en priant et sonnant de leurs instruments entre les buissons. S'ils trouvent quelque grosse mouche, ils s'efforcent de la prendre, et, retournant avec beaucoup de bruit et de joie au logis du malade, ils assurent que c'est son âme qu'ils rapportent. Navarette apprit qu'ils la lui mettent dans la bouche. Un autre voyageur, Duhalde, assure qu'on lave rarement les morts, mais que, après les avoir revêtus de leurs plus riches habits, et couverts des marques de leur dignité, on les place dans le cercueil qu'ils ont fait faire pendant leur vie. Leur prévoyance va si loin sur cet article que, s'ils n'avaient que dix pistoles au monde, ils les emploieraient à se procurer un cercueil plus de vingt ans avant d'en avoir besoin. Ils le regardent comme le meuble le plus précieux de leur maison. On a vu des enfants se louer ou se vendre dans la seule vue d'amasser assez d'argent pour acheter un cercueil à leur père. Il s'en fait d'un bois assez recherché qui valent quelquefois jusqu'à mille écus. On en trouve de toutes les grandeurs dans les boutiques. Les mandarins exercent souvent leur charité en distribuant des cercueils au peuple. Un Chinois qui meurt sans ce meuble est brûlé comme un Tartare; aussi célèbre-t-on par une fête l'heureux jour où l'on est parvenu à se procurer un cercueil. On l'expose à la vue pendant des années entières. On prend quelquefois plaisir à s'y placer.

HONNEURS RENDUS A L'AGRICULTURE EN CHINE.

Le jour marqué, l'empereur, en habit de cérémonie, se rend, avec toute sa cour, au lieu assigné, pour offrir au Chang-ti le sacrifice du printemps, et en obtenir l'abondance et la conservation des biens de la terre. Ce lieu est une petite élévation de terre à peu de distance au sud de la ville; elle doit avoir cinquante pieds quatre pouces de hauteur. La place qui doit être labourée par les mains impériales est à côté de ce tertre.

Aussitôt que le sacrifice est offert, l'empereur descend avec les trois princes et les neuf présidents qu'il a choisis; plusieurs seigneurs portent les caisses où sont soutenues les semences; toute la cour garde un profond silence. Alors l'empereur prend la charrue, et trace plusieurs sillons en allant et venant. Les trois princes et les présidents labourent successivement après l'empereur. Après ce travail, qui se recommence en plusieurs endroits du champ, l'empereur sème les différentes sortes de grains. Le lendemain, les quarante plus vieux laboureurs et les quarante plus jeunes achèvent ce qui reste à labourer dans le champ. Cette cérémonie se termine par des présents que l'empereur leur distribue : ils consistent en quatre pièces de toile de coton de couleur qu'on donne à chacun d'eux pour se faire des habits.

Le gouverneur de Pékin va souvent visiter ce champ, et le fait soigneusement cultiver. Il en examine tous les sillons pour découvrir s'il n'y croît pas quelque épi extraordinaire. Ce serait le plus favorable augure d'y trouver, par exemple, une tige qui portât treize épis; le gouverneur se hâterait d'en avertir la cour. En automne, il fait recueillir les grains dans des sacs jaunes, pour les renfermer dans un magasin construit exprès, et qui est désigné sous le nom de MAGASIN IMPÉRIAL. Ce grain se conserve pour les cérémonies les plus solennelles. L'empereur, dans les sacrifices qu'il fait au Tien ou au Chang-ti, en offre comme le fruit du travail de ses mains, et dans certains jours de l'année il présente la même offrande à ses ancêtres.

Sur le témoignage du gouverneur, sa majesté élève le laboureur sage et diligent au degré de mandarin du huitième ordre, et lui envoie des patentes de mandarin honoraire, distinction qui le met en droit de porter l'habit de mandarin, de rendre visite au gouverneur de la ville, de s'asseoir en sa présence, et de prendre du thé avec lui. Il est respecté pendant tout le reste de sa vie. Après sa mort, on lui fait des funérailles convenables à son rang, et ses titres d'honneur sont inscrits dans la salle des ancêtres.

CULTE SINGULIER DES CHINOIS.

La sainteté consiste à cesser d'être et à se replonger dans le néant. Plus on approche de la nature d'une pierre ou d'un tronc d'arbre, plus on touche à la perfection. C'est dans l'indolence, dans l'inaction, dans la cessation de tous les désirs, et dans la privation de tous les mouvements du corps, dans l'annihilation de toutes les facultés de l'âme et dans la suspension générale de la pensée que consistent la vertu et le bonheur. Lorsqu'on est une fois parvenu à cet heureux état, toutes les vicissitudes et les transmigrations étant finies, on n'a plus rien à redouter, parce que, à parler proprement, on n'est plus rien; et, pour renfermer toute la perfection de cet état dans un seul mot, on est parfaitement semblable au dieu Fo.

Les sectateurs de Fo sont persuadés qu'ils peuvent s'abandonner impunément aux actions les plus criminelles, et qu'en brûlant un peu d'encens pendant la nuit, ou récitant quelques prières devant une statue, ils obtiennent le pardon de tous leurs crimes. Les dévots sont insensibles aux nécessités d'un père et d'une mère qui souffrent le froid et la faim : toute leur attention se borne à ramasser une somme d'argent pour orner l'autel de Fo, ou de quelque autre dieu qu'ils honorent d'un culte particulier.

Les bonzes ne laissent pas de maltraiter quelquefois leurs idoles. N'en obtiennent-ils rien après de longues prières, ils les chassent de leur temple comme des divinités impuissantes, les accablent de reproches, et leur donnent des noms outrageants auxquels ils joignent quelquefois des coups : « Comment, chien d'esprit, nous vous logeons dans un temple magnifique, nous vous revêtons d'une belle dorure, nous vous nourrissons bien, nous vous offrons de l'encens, et tous nos soins ne font de vous qu'un ingrat, qui nous refuse ce que nous lui demandons ! » Là-dessus ils lient la statue avec des cordes, et la traînent dans les rues, au travers des boues et des plus sales immondices, pour lui faire payer toute la dépense qu'ils ont faite en parfums. Si le hasard leur fait obtenir alors ce qu'ils demandaient, ils lavent le dieu avec beaucoup de cérémonie, ils le rapportent au temple, et l'ayant replacé dans sa niche, ils tombent à genoux devant lui, et s'épuisent en excuses sur la manière dont ils l'ont traité. « Au fond, lui disent-ils, nous nous sommes un peu trop hâtés; mais il est vrai aussi que vous avez été un peu trop lent. Pourquoi vous êtes-vous attiré nos injures ? Nous ne pouvons remédier au passé, n'en parlons plus. Si vous voulez l'oublier, nous allons vous revêtir d'une nouvelle dorure. »

RESPECT DES CHINOIS POUR L'EMPEREUR.

Le respect que les Chinois ont pour leur empereur répond à la grandeur de son autorité : c'est une espèce de divinité pour son peuple. On lui rend des honneurs qui approchent de l'adoration. Ses paroles sont autant d'oracles, et ses moindres commandements sont exécutés comme s'ils venaient du ciel. Personne, sans en excepter ses frères, ne peut lui parler qu'à genoux. On ne paraît point en cérémonie devant lui dans une autre posture, s'il n'en donne l'ordre exprès : il n'y a que les seigneurs de son cortége ordinaire qui aient la liberté d'être debout en sa présence; mais ils sont obligés de fléchir le genou lorsqu'ils lui parlent. Ce respect s'étend à tous les officiers qui représentent l'empereur.

Les mandarins, les grands de la cour, et les princes mêmes du sang se prosternent non-seulement devant la personne de l'empereur, mais même devant son fauteuil, son trône, et tout ce qui sert à son usage; ils se mettent quelquefois à genoux devant son habit ou sa ceinture. S'il tombe dans quelque maladie dangereuse, l'alarme devient générale. Les mandarins s'assemblent dans une vaste cour du palais, et, sans faire attention à la rigueur de l'air, ils passent à genoux les jours et les nuits, occupés à faire éclater leur douleur, et à demander au ciel le rétablissement de sa santé. Tout l'empire souffre dans sa personne, et sa perte est le seul malheur que ses sujets croient avoir à redouter.

C'est en conséquence de cette maxime qu'ils donnent à l'empereur les titre les plus pompeux; ils l'appellent *Tien-tsé*, c'est-à-dire le fils du ciel; *Hoang-ti*, auguste et souverain empereur; *Ching-hoang*, saint empereur; *Chao-ting*, palais royal; *Van-soui*, dix mille années. Mais l'empereur n'emploie jamais ces expressions lorsqu'il parle de lui-même; il se sert du terme *ngo*, qui signifie *je* ou *moi*; et lorsqu'il paraît en public, assis sur son trône, il emploie celui de *chin*, qui signifie salut, avec cette différence qu'il est le seul qui fasse usage de ce mot. Le langage du palais est fort pompeux; on ne dit jamais : *Sonnez de la trompette, battez du tambour, etc.*, mais *Ta-hui*, c'est-à-dire : Que le ciel lâche son tonnerre. Pour faire entendre que l'empereur est mort, ils disent *Ping-tien*, qui signifie : Il est entré nouvel hôte au ciel, ou *Pung*, c'est-à-dire : Une grande montagne est tombée. Au lieu de dire les portes du palais, ils disent *kin-muen*, les portes d'or; et de même à l'égard de tout le reste.

Un sujet, de quelque rang ou de quelque qualité qu'on le suppose, n'ose passer à cheval ou en chaise devant les portes du palais impérial; il doit mettre pied à terre lorsqu'il en approche, et ne remonter qu'à la distance prescrite. Chaque cour du palais a son sentier pavé de larges pierres, qui ne sert de chemin qu'à l'empereur, lorsqu'il y passe (*).

(*) Le temps a peu modifié les Chinois; voici ce que nous lisons dans les journaux :

« Au milieu des graves préoccupations que lui donne la présence des Anglais dans ses Etats, l'empereur de Chine vient de rendre un décret qui prouve l'importance que, dans ce singulier pays, on attache aux questions d'étiquette. L'empereur possède, à environ trois kilomètres de Pékin, un magnifique château de plaisance qui réalise à lui seul toutes les merveilles de l'Orient. Pour aller de la ville à ce château, on a pratiqué un chemin particulier appelé la *voie sacrée*, bordé à gauche et à droite par des rails en or,

LA CANGUE.

Un châtiment déshonorant et douloureux, c'est le collier de bois ou le carcan que les Portugais appellent *cangue.* Il est composé de deux pièces de bois qui se joignent en forme de collier autour du cou. Un criminel qui a le cou passé dans cette machine ne peut voir ses pieds, ni porter sa main à sa bouche ; de sorte qu'il a besoin du secours de quelqu'un pour lui donner à manger. Il porte jour et nuit cet incommode fardeau, qui est plus ou moins pesant, suivant la nature du crime. Le poids commun du carcan, ou des cangues, est de cinquante-six livres ; mais il s'en trouve qui pèsent jusqu'à deux cents, et qui font tant de mal aux criminels que, faute de nourriture et de sommeil, ils meurent quelquefois dans cette étrange situation. Il y a des cangues de quatre pieds carrés et de cinq à six pouces d'épaisseur.

Lorsqu'on a passé le cou du criminel dans ce pilori mobile, ce qui se fait devant les yeux du juge, on couvre les endroits par lesquels les deux pièces de bois se joignent de deux longues bandes de papier, larges de quatre doigts, sur lesquelles on applique un sceau, afin que la cangue ne puisse être ouverte. Sur ces deux papiers on écrit en gros caractères la nature du crime et la durée du châtiment ; par exemple : « Ce criminel est un voleur, un débauché, un séditieux, un homme qui trouble la paix des familles ; c'est un joueur. Il portera la cangue pendant trois mois dans un tel endroit. » Le lieu où ces condamnés sont exposés est ordinairement la porte d'un temple ou de la ville, ou celle du tribunal même, ou le coin de quelque rue, ou la place publique. Lorsque le terme de la punition est expiré, les officiers du tribunal ramènent le criminel au mandarin, qui le délivre après une courte exhortation à mener une conduite plus réglée ;

sur lesquels la voiture impériale, traînée par des chevaux, glisse avec une grande rapidité. Les peines les plus sévères existent pour celui qui oserait porter ses pas dans le sentier vénéré. Par une faveur toute spéciale, l'empereur vient, en vertu de l'édit en question, d'autoriser les princes de sa famille et ses ministres, lorsqu'ils se rendront auprès de sa personne, à marcher dans la voie sacrée ; mais ils devront exécuter le trajet les pieds nus, la tête découverte, et à reculons. »

mais, en lui accordant la liberté de se retirer, il lui fait donner vingt coups de pan-tsé comme un préservatif contre l'oubli. Ordinairement toutes les punitions chinoises, à l'exceptipn des amendes pécunières, commencent et finissent par la bastonnade.

La cangue est l'odieux supplice qui a rendu martyrs plus d'un de nos généreux missionnaires.

LE GRAND-LAMA.

Sur une petite montagne appelée Mor-bouli, qui s'élève à pic à 133 mètres au-dessus de la rivière, on voit le temple et le couvent de Bouda-la, qui renferme le palais du grand-lama, chef suprême de la religion.

Le dalaï-lama est non-seulement regardé comme le vicaire de Dieu, le grand-pontife et le chef du clergé, mais les sectateurs du lamisme voient aussi en lui la divinité visible : c'est Fo incarné. Le titre de *dalaï-lama* signifie grand-prêtre, ou lama par excellence. Il prend celui de dalaï-lama, fortuné vicaire sur cette terre du grand Dieu saint, siégeant à sa droite (ouest), et réunissant à une seule doctrine tous les vrais croyants qui habitent sous le ciel. En sa qualité de Dieu, on l'appelle *père céleste*, et on lui attribue toutes les perfections de la divinité, surtout la science universelle et la connaissance des plus intimes secrets du cœur. S'il interroge ceux qui lui parlent, ce n'est pas, disent les habitants du Thibet, qu'il ait besoin d'instruction, car il connait d'avance la réponse qu'on va lui faire. Comme ils croient que Fo vit en lui, ils sont persuadés qu'il est immortel ; que, lorsqu'il parait mourir, il ne fait que changer d'habitation ; qu'il abandonne un corps décrépit pour renaître dans un autre corps remarquable par sa pureté et sa beauté, et que le séjour fortuné où son âme doit désormais habiter est révélé par lui-même.

En effet, quand un dalaï-lama veut quitter ce monde, et on assure que cet événement arrive à l'époque, aux heures et suivant les circonstances qu'il a lui-même déterminées, il laisse un testament qui désigne son successeur ; il l'écrit lui-même et le dépose dans un lieu secret auprès de son trône, afin qu'il ne soit trouvé qu'après sa mort. Dans cet acte il indique toujours, d'après son inspiration, le rang, la famille, l'âge et les autres signes auxquels on pourra reconnaître son successeur, l'époque à laquelle on en devra faire la recherche, suivant que son âme a la volonté de paraître dans un nouveau corps après un temps plus ou moins long. Dès que le dalaï-lama a les yeux fermés, on cherche le testament, et quand on l'a découvert le principal gardien du temple ou grand-vicaire en fait l'ouverture en présence des régénérés qui se trouvent sur le lieu, et des principaux membres du clergé.

Les missionnaires prétendent que les lamas cherchent dans tout le royaume quelqu'un dont la figure ait de la ressemblance avec celle du mort, et l'appellent à sa succession. Avant de l'introniser, on le soumet à une épreuve qui manifeste la transmigration de l'âme du lama décédé dans le corps de son successeur. Lorsque le grand-lama est dans une vieillesse avancée, et qu'il se croit près de sa fin, il assemble son conseil pour déclarer qu'il doit passer dans le corps de tel enfant nouvellement né. Cet enfant est élevé avec beaucoup de soin jusqu'à l'âge de six à sept ans. Alors, par une espèce d'épreuve, on fait apporter devant lui quelques meubles du défunt qu'on mêle avec les siens, et, s'il est capable de les distinguer, c'est une preuve manifeste que Fo s'est incarné en lui.

Le corps d'un dalaï-lama privé de son âme est toujours brûlé, et ses cendres sont réduites en petites boules de verre qui sont réputées choses saintes. Suivant d'autres relations, on embaume ses restes mortels, et on les conserve dans une châsse.

SCIENCES, INDUSTRIE ET MŒURS DES CHINOIS.

Extérieurement, les Chinois sont tout au rebours de nous ; ni nos goûts, ni nos mœurs, ni nos usages, ni nos idées, ne ressemblent aux leurs. C'est en tout le contraste le plus extrême. L'excessif embonpoint est chez eux une beauté ; ils admirent et prisent surtout la rare élégance d'un abdomen proéminent; des souliers fins sont ceux dont la semelle a deux pouces d'épaisseur; on garde le bonnet sur la tête en signe de respect, devant le supérieur, qui reste tête nue en signe de supériorité; la place d'honneur est à gauche; les habits de deuil sont blancs; la profession des armes est méprisée; le plus beau cadeau qu'un ami puisse faire à un ami, c'est un cercueil. Cette opposition est surtout manifeste dans le langage. Un Français, pour faire une période chinoise, n'a qu'à prendre le contre-pied de sa manière de parler. Que la phrase soit longue ou courte, le Chinois commence par où nous devons naturellement finir, et finit ordinairement par où nous commençons.

Au fond, ces hommes, trop vantés par quelques prétendus savants d'Europe, ne sont que des enfants lâches et corrompus. Lorsqu'on les voit de près, leur civilisation, tant admirée par l'imbécile philosophe qui prétendait l'opposer à la civilisation chrétienne, fait pitié, même aux plus sots ennemis du christianisme. Leur agriculture est routinière et immensément inférieure à celle de l'Europe; leur industrie également. Les bons ouvriers sont ceux qui ont été formés à Canton par les Européens; ils excellent surtout dans les colifichets et ouvrages de patience; hors de Canton ils ne savent pas faire une serrure. C'est à Canton que s'achèvent et se perfectionnent, sous l'œil des Européens, les riens que nous achetons à grand prix. Leurs porcelaines et leurs soieries, à part la matière, sont loin d'égaler les produits de Sèvres ou de Limoges, et de Lyon. Eux-mêmes en jugent ainsi, et ils achètent fort bien des ballots de soieries chinoises que leur expédie tous les ans la manufacture de Faverges, en Savoie, qui n'égale certes pas les grandes fabriques lyonnaises. La littérature, la philosophie, sont au même niveau que le reste. Les *ouen-tchang*, compositions de rhétorique auxquelles s'exercent quinze à vingt ans leurs lettrés, sont un amas informe de vaines pensées. Les auteurs s'occupent surtout de flatter l'oreille par un murmure de paroles vides. Dans les livres de philosophie, on trouve, sous les formules les plus vagues et les plus obscures, tantôt le panthéisme indien, tantôt l'athéisme absolu, tantôt l'idolâtrie vulgaire, et souvent le tout à la fois; mais toujours le froid le plus glacial et l'ennui le plus pesant. Les médecins valent les rhéteurs, les philosophes et les poètes : il n'ont point de traditions, point de doctrine, mais seulement des recettes, dont

6

quelques-unes excellentes, qu'ils appliquent avec le pédantisme et la gravité de nos docteurs de comédie. Le chirugien a des cataplasmes et quelques onguents; il ne connaît ni la saignée ni les sangsues, et se contente, au besoin, de racler fortement la peau du malade avec une pièce de monnaie. Les fonctions publiques se donnent au concours, il est vrai; seulement il faut l'entendre : celui qui l'emporte n'est pas le plus savant; c'est le plus offrant. La justice se distribue comme les emplois : on juge tous les crimes; mais l'argent les efface tous. Si l'accusé se présente les mains vides, la torture l'oblige à se déclarer coupable. *Tu ne m'a pas soldé*, dit le mandarin, *tu n'as pas la parole.* Quelles peuvent être les mœurs? Saint-Paul les a décrites en peignant celles des sages du paganisme; c'est tout dire. Rien n'est plus fréquent que l'infanticide, si ce n'est l'avortement. L'usage d'exposer les enfants dans les rues et sur les chemins a prévalu à tel point que le gouvernement est obligé de le tolérer. Cependant Dieu a voulu laisser quelque témoignage que ces nations ne sont pas inguérissables.

En Chine, comme dans tout l'Orient, au milieu de l'égoïsme et de la corruption, on trouve un reste de mœurs antiques et un reflet de la simplicité patriarcale. C'est surtout au fond des campagnes que cette simplicité se rencontre.

LÂCHETÉ DES CHIHOIS. — ARMÉE, MARINE.

Le négoce est la principale et presque l'unique aptitude de cette nation dégradée, l'orgueil est son caractère le plus marquant, mais un orgueil aussi lâche qu'imbécile et féroce. On l'a vu surabondamment dans la guerre des Anglais, qui, grâce à la poltronnerie des Chinois, ne fut, de l'aveu des Anglais eux-mêmes, qu'une pure comédie. Quand les Anglais, se trouvant en vue d'une jonque de guerre, lui lançaient une fusée, aussitôt matelots, soldats, mandarins, se jetaient à la mer pour gagner le bord à la nage.

A Macao, sous les yeux de plusieurs missionnaires, un bateau à vapeur descendit à terre une ou deux pièces de canon pour débusquer deux mille soldats chinois rangés en bataille, et qui semblaient attendre de pied ferme. On tira un coup à boulet qui coupa un Chinois par le milieu du corps. Ces braves n'y tinrent plus ; il fallait les voir s'enfuir à toutes jambes, et, pour courir plus vite, jeter là sabres et fusils, tous sans exception, même le grand mandarin, gouverneur de la province de Canton et plénipotentiaire. Les Anglais les poursuivirent, mais plus personne, sauf quelques canonniers que, pour renforcer leur courage, le grand mandarin avait fait lier prudemment à leurs pièces.

. Ces pièces, dont les Chinois savent, dit-on, se servir depuis deux mille ans, sont dans un tel état, et s'en servent de telle sorte, qu'il leur faut une heure d'intervalle pour tirer un second coup du même canon, masse énorme qui recule à plus de vingt pas, et tue souvent le canonnier. Quand ils auraient le courage et le patriotisme qu'ils n'ont pas, que pourraient-ils faire contre l'artillerie européenne ? Mgr Verrolles assure que mille ou cinq cents grenadiers français pourraient enlever l'empereur au fond de son immense palais de Pékin et lui faire traverser toute la Chine. Cependant la garde impériale se compose de quatre cent quatre-vingt mille hommes, toujours résidant à Pékin ; mais on sait depuis longtemps qu'ils ne résident que sur le papier. Sa Majesté Céleste est peut-être seule à l'ignorer. Ce pauvre homme est le premier prisonnier de l'empire. Suivant l'étiquette chinoise, il ne peut communiquer avec ses sujets que par ses grands mandarins, et il est le misérable jouet de cette tourbe ignoble, cupide et corrompue au-delà de tout ce que l'on peut dire. En 1842, il croyait posséder une escadre de 25 jonques armées en guerre, dans le grand golfe de Pékin ; c'est l'état ordinaire de la marine impériale dans ces parages. Il voulut opposer cette escadre aux Anglais, et quelle ne fut pas son indignation lorsqu'il apprit qu'il n'y avait d'autre escadre à flot que la carcasse démâtée d'une jonque pourrie ! Les Chinois ne s'en croyaient pas moins invincibles, ne pouvant comprendre comment des barbares occidentaux osaient se *révolter* contre le *fils du ciel*. Un mandarin jurait à l'empereur, sur son honneur, qu'il lui enverrait dans une cage de fer la tête des chefs de l'expédition anglaise. Tao-Kang (c'est le nom du fils du ciel) se fâcha fort contre ce mandarin ; il lui ordonna d'envoyer les barbares dans des cages de bois, et en vie. Il voulait sans doute les hacher vifs, par morceaux, dans ses moments de récréation. Ce fut ainsi qu'il dépeça un roi tartare amené à Pékin, en 1828, par une insigne perfidie. Lorsqu'il connut ses désastres, et il ne les connut pas tout entiers, son orgueil éprouva une humiliation dont il ne se relèvera jamais. Les Mantchoux, non moins étonnés que leur glorieux maître, disaient à Mgr Verrolles : « Grand bisaïeul, c'est la première fois que » cela nous arrive. — Consolez-vous, leur répondit le prélat; ce ne sera » pas la dernière. » En effet, le canon anglais a ouvert les portes de la Chine, elles ne se refermeront plus.

L'ANGLETERRE ET L'OPIUM.

Il ne faudrait pas s'en réjouir, si ce grand événement ne devait avoir d'autre résultat que d'assurer à l'Angleterre l'odieux privilége d'empoisonner les Chinois avec son opium. L'Angleterre n'a eu que ce but en commençant la guerre; elle n'a traité qu'après l'avoir atteint; mais la France est venue ensuite, et généreuse encore dans ses faiblesses, généreuse peut-être malgré elle-même, tandis que l'Angleterre stipulait pour des profits infâmes, elle a, par les soins à jamais louables de M. de Lagrenée, stipulé pour la liberté de l'Evangile, portant la résurrection là où le commerce anglais ne songeait qu'à porter la mort. Voici quels sont les effets de l'opium :

On montrerait des familles naguère dans l'aisance, aujourd'hui désolées ; les enfants sans nourriture et sans vêtements, obligés de se faire voleurs ; les fumeurs devenus presque des bêtes brutes. Ce mal est très répandu dans les villes ; des personnes bien instruites vont jusqu'à dire qu'un Chinois habitué à fumer de l'opium est perdu pour les affaires de la vie civile. Après avoir usé de ce dangereux poison pendant trois années seulement, il ne sera plus propre qu'à satisfaire sa passion ou plutôt sa fureur. S'il peut y réussir, il traînera encore sa vie pendant longtemps, mais il sera réduit à un état complet de stupidité. Si, au contraire, les ressources lui manquent, il est en proie à des souffrances et à une langueur dont il ne se relèvera plus. Un fumeur ordinaire dépense au moins douze francs par jour : la moitié pour le poison, le reste pour les besoins qu'il impose. En 1832, le fils de l'empereur régnant périt victime de cette funeste passion.

Les effets de la prédication catholique, on les connaît. Ce sont les querelles éteintes, les mœurs épurées, la famille rendue à sa divinité sainte, et le courage de ces peuples dégénérés relevé jusqu'à leur faire accepter et chercher le martyre. Le marchand d'opium s'impose à coups de canon ; le prêtre catholique arrive doux, pacifique, les mains pleines d'aumônes, n'ayant d'autre arme que la charité qui le pousse à offrir sa vie. Il y a cependant des chrétiens, des Français, qui déclament contre ces héros, et qui font un crime à nos braves marins d'avoir été quelquefois les arracher au supplice, en les couvrant du drapeau de la France. Mais ces chrétiens et ces Français-là sont des gens de négoce, dévoués à l'or de ce protestantisme qui ne protége de son pavillon que des marchands de Bibles et des marchands d'opium. Leurs clameurs hideuses ne prévaudront pas contre le généreux génie de la France. La France continuera de veiller sur ses missionnaires dans la route qu'elle a su leur élargir : ce sera sa gloire et son salut.

KALMOUKIE. — TENTES DES ÉLEUTHS ET DES KALMOUKS.

La charpente de ces tentes consiste, dit l'abbé Chappe, dans une claie d'osier, haute de sept pieds ou davantage. Chaque pièce tient à l'autre par des perches de saule de trois pouces d'épaisseur, et se lève comme un filet ; de sorte qu'en les ouvrant elles forment un grillage d'une brasse de long sur 1 mètre 70 centimètres de large ; en les pliant, chaque perche aboutit directement sur l'autre. On pose cette claie autour de l'emplacement circulaire plus ou moins grand que doit occuper la cabane ; on réunit les pièces avec des cordes de crin ou des courroies de cuir ; on laisse une ouverture pour l'entrée, et l'on y place une porte à un ou deux battants. Une longue corde de cuir entoure toute la tente, afin de l'affermir et de lui donner une forme bien ronde.

Le toit est formé par une espèce de couronne de bois composée de deux cercles. Ils sont soutenus à quelque distance l'un de l'autre sur trois longues perches de saule. Il part de la claie d'osier beaucoup de longues perches dont les bouts supérieurs entrent dans les cercles de la couronne, ce qui forme une espèce de dôme ; elles y sont affermies par des cordes. Cette charpente est ordinairement peinte en rouge. On couvre ce toit avec une grande pièce de feutre, et on l'y attache par des cordes entrelacées. On laisse les côtés ouverts pendant l'été ; on les ferme avec du feutre ou des paillassons de roseau lorsqu'il fait froid, et quelquefois avec l'une et l'autre de ces enveloppes, qu'on affermit également avec des cordes. Un rideau de feutre est suspendu devant la porte. On laisse au milieu du toit une ouverture pour servir de passage à la fumée, et pour préserver du vent et de la pluie l'intérieur de la tente on y met deux bâtons d'osier en croix pour y placer un morceau de feutre du côté du vent, ou pour boucher l'ouverture lorsqu'il n'y a plus de feu dans la cabane, afin d'y entretenir la chaleur. Il y a au-dessous de l'ouverture, au milieu de la tente, un grand trépied de fer, sous lequel on entretient toujours du feu allumé ou de la braise. C'est sur ce trépied qu'ils font cuire leurs aliments, et qu'ils font leur eau-de-vie.

La batterie de cuisine et les autres ustensiles consistent dans des pièces de vaisselle de fer de différentes grandeurs, dans des gamelles et des gobelets de bois, des outres et autres vaissaux de cuir, et une théière contenant quatre pots. Les pauvres ont une théière de cuir ; celles des riches sont de bois, proprement travaillées, et garnies de petites plaques et de cercles de cuivre ou d'argent. Le lit est à l'extrémité de la tente, en face de la porte. Ils ont de petits chalits en bois ; les oreillers et les coussins sont de feutre. Les mirzas et les autres personnes de distinction se bâtissent des logements plus spacieux et plus commodes ; ils ont aussi pour l'été de grandes tentes de kitay-ka, et pour l'hiver des cabanes de planches revêtues de feutre, qui peuvent être dressées ou abattues en moins d'une heure.

LE KNOUT.

Dans son voyage en Sibérie, le même abbé Chappe rend ainsi compte du supplice du knout.

Madame Lapouchin, accusée de s'être compromise dans une conspiration que tramait un ambassadeur étranger, fut condamnée à recevoir le knout. Jeune, aimable, adorée, elle passe tout-à-coup du sein des délices et des faveurs de la cour dans les mains des bourreaux. Au milieu d'une populace assemblée dans la place des exécutions, on lui arrache son voile, on la dépouille de ses habits jusqu'à mi-corps. Un de ses bourreaux la prend par les bras et l'enlève sur son dos, qu'il courbe pour exposer cette victime aux coups. Un autre s'arme d'un knout : c'est un fouet fait d'une longue et large courroie de cuir. Ce barbare lui enlève à chaque coup un morceau de chair, depuis le cou jusqu'à la ceinture. Toute sa peau n'est bientôt qu'une découpure de lambeaux sanglants et pendants sur son corps. Dans cet état, on lui arrache la langue, et la coupable est envoyée en Sibérie.

Ce n'est là que le supplice ordinaire du knout, qui ne déshonore point, parce qu'il tombe sur les premières têtes, à la moindre intrigue de cour où le despote croit sa personne offensée.

Le grand knout, réservé pour le supplice des véritables crimes qui attaquent la société, a des apprêts plus terribles encore. On enlève le criminel en l'air par le moyen d'une poulie fixée à une potence; ses deux poignets sont attachés à la corde qui le suspend; ses deux pieds sont également liés ensemble, et l'on passe entre les jambes du patient une poutre qui sert à lui disloquer tous les membres. On frémit de transcrire ces horreurs.

SORTILÉGES CHEZ LES TARTARES.

Dans une de nos courses, nous visitâmes un khan, et nous le priâmes de nous faire voir ses sortiléges, ce qu'ils appellent *faire le kamlat.* Il se fit apporter son tambour magique, qui avait la forme d'un tamis, ou plutôt d'un tambour de basque ; il battait dessus avec une seule baguette. Le khan tantôt marmottait quelques mots tartares, et tantôt grognait comme un ours ; il courait de côté et d'autre, puis s'asseyait, faisant d'épouvantables grimaces et d'horribles contorsions de corps, tournant les yeux, les fermant, et gesticulant comme un insensé. Ce jeu ayant duré un quart d'heure, un homme lui ôta le tambour, et le sortilége finit. Nous demandâmes ce que tout cela signifiait. Il répondit que, pour consulter le diable, il fallait s'y prendre de cette manière ; que cependant tout ce qu'il avait fait n'était que pour satisfaire notre curiosité, et qu'il n'avait pas encore parlé au diable. Par d'autres questions, nous apprîmes que les Tartares ont recours au khan lorsqu'ils ont perdu quelque chose, ou lorsqu'ils veulent avoir des nouvelles de leurs amis absents. Alors le khan se sert d'un paquet de quarante-neuf morceaux de bois gros comme des allumettes ; il en met cinq à part et joue avec les autres, les jetant à droite et à gauche avec beaucoup de grimaces et de contorsions ; puis il donne la réponse comme il peut.

Le khan fait accroire à ces bonnes gens que, par ces conjurations, il évoque le diable, qui vient toujours du côté de l'occident et en forme d'ours, et qui lui révèle ce qu'il doit répondre. Il leur fait entendre qu'il est quelquefois maltraité cruellement par le démon, et tourmenté jusque dans le sommeil. Pour mieux les convaincre de son intelligence avec le diable, il fait semblant de s'éveiller en sursaut, en criant comme un possédé. Nous lui demandâmes pourquoi il ne s'adressait pas plutôt à Dieu, qui est la source de tout bien. Il répondit que ni lui ni les autres Tartares ne savaient rien de Dieu, sinon qu'il faisait du bien à ceux mêmes qui ne l'en priaient pas ; que par conséquent ils n'avaient pas besoin de l'adorer ; qu'au contraire ils étaient obligés de rendre un culte au diable, afin qu'il ne leur fît point de mal, parce qu'il ne songeait continuellement qu'à en faire.

Ces Tartares, sur ces beaux principes, font des offrandes au diable, et brassent souvent de gros tonneaux de bière qu'ils jettent en l'air ou contre les murs, pour que le diable s'en accommode. Quand ils sont près d e mourir, toute leur inquiétude et leur frayeur c'est que leur âme ne soit la proie du diable. Le khan est alors appelé pour battre la tambour et pour faire leurs conventions avec le diable, en le flattant beaucoup. Ils ne savent pas ce que c'est que leur âme, ni où elle va; ils s'en embarrassent même fort peu, pourvu qu'elle ne tombe point entre les mains du diable. Ils enterrent leurs morts, ou les brûlent, ou les attachent à un arbre, pour servir de proie aux oiseaux.

OCCUPATIONS DES KAMTCHADALES.

Presque toutes leurs occupations se rapportent aux premiers besoins de l'homme. La nourriture, besoin le plus pressant et le plus continuel, qui se renouvelle à chaque instant, qui tient tout être vivant en action, demande presque tous les soins des peuples sauvages. Leurs voyages mêmes, semblables aux courses des animaux errants, n'ont pour but que la pêche et la chasse, la recherche ou l'aprovisionnement des vivres. Ils s'exposent, pour en avoir, au danger de mourir de faim. Souvent ils sont surpris dans un lieu désert par un ouragan qui fouette la neige en tourbillons. Alors il faut se réfugier dans les bois, avec ses chiens et son traîneau, jusqu'à ce que cet orage ait passé. Quelquefois il dure huit jours. Les chiens sont obligés de manger les courroies et les cuirs des traîneaux, tandis que l'homme n'a rien; encore est-il heureux de ne pas mourir de froid. Pour s'en garantir, les voyageurs se mettent dans des creux qu'ils garnissent de branches, et s'enveloppent tout entiers dans leurs pelisses, où la neige les couvre bientôt, de façon qu'on ne les distinguerait pas dans leurs fourrures s'ils ne se levaient de temps en temps pour la secouer, ou s'ils ne se roulaient comme une boule afin de s'échauffer et de respirer. Ils ont soin de ne pas trop serrer leur ceinture, de peur que, s'ils étaient à l'étroit dans leurs habits, la vapeur de la respiration, qui vient à se geler, ne les engourdit et ne les suffoquât sous une atmosphère de glaçons.

Quand les vents de l'est au sud soufflent une neige humide, il n'est pas rare de trouver des voyageurs gelés par le vent du nord, qui suit de près ces sortes d'ouragans. Quelquefois, obligés de courir sur leurs traineaux le long des rivières, dans des chemins roides et raboteux, ils y tombent et se noient; ou, s'ils regagnent les bords, ils y périssent dans les douleurs cuisantes du froid qui les a saisis. Rarement ont-ils la commodité de faire du feu, et, s'ils l'avaient, ils la négligeraient. Eux et les chiens s'échauffent mutuellement couchés pêle-mêle, et se nourrissent en route de poisson sec qui n'a pas besoin d'apprêts. Aux mois de mars et d'avril, saison des voyages, ils passeront deux ou trois nuits dans un endroit isolé. Les hommes s'accroupissent sur le bout des doigts des pieds, entortillés dans leurs pelisses, et dorment tranquillement dans cette situation gênante. D'ailleurs ils sont endurcis au froid. On a vu plusieurs de ces sauvages qui, s'étant couchés le soir le dos tout nu tourné vis-à-vis du feu, dormaient d'un sommeil profond quoique le feu fût éteint, et que leur dos fût couvert de givre.

Mais, parmi tous ces périls et ces accidents, c'est une grande ressource pour l'homme que la compagnie de son chien. Cet animal fidèle échauffe et défend son maître durant le sommeil. Moins fort que le cheval, mais plus intelligent, au milieu des ouragans qui obligent le voyageur d'avoir les yeux fermés, il ne s'écarte guère de son chemin; et si le mauvais temps l'égare, son odorat lui fait bientôt retrouver sa route dans le calme. Sage et prévoyant, sa sagacité prédit l'orage; et, soit finesse de tact, soit l'effet d'une correspondance secrète de la vicissitude de ses modifications avec celles des températures de l'air, quand l'ouragan s'approche et s'annonce sur la neige, qu'il amollit ou rend plus humide, le chien s'arrête, gratte la neige avec ses pattes, et semble avertir son maître de la tempête.

KOEMPFER.

ENGELBERT KOEMPFER, né à Lemgo, en West-phalie, en 1651, médecin et naturaliste, connu par ses voyages en Europe et en Asie, passa, en 1690, sur une flotte hollandaise, en qualité de chirurgien; il poussa ses courses jusqu'au royaume de Siam et au Japon. Il resta deux ans dans ces pays, et mourut à Leyde, en 1716. Voici ce qu'il nous dit de l'état religieux des Japonais.

RELIGION, FANATISME DES JAPONAIS.

La liberté qui régnait dans cet empire, avant la ruine du christianisme, y avait introduit quantité de sectes étrangères, au préjudice de l'ancienne secte du pays. Quelques auteurs en comptent jusqu'à douze, dont les principes et les pratiques n'ont presque rien de commun. Les unes adorent le soleil et la lune, et d'autres offrent leur encens à divers animaux. Les camis, premiers souverains du Japon, les Fos des Indes, tous ceux qui ont contribué à peupler et à policer ces îles, qui y ont porté des lois civiles, quelque science, quelque art, et tous ceux qui y ont établi quelque nouveau culte, y ont des temples et des adorateurs.

On accorde le titre de *camis* à tous les grands hommes qui se sont distingués pendant leur vie par leur sainteté, leurs miracles, et par les avantages qu'ils ont procurés à la nation. Chacune de ces divinités a son paradis : les unes dans l'air, d'autres au fond de la mer, dans le soleil, dans la lune, et dans tous les corps lumineux qui éclairent les cieux. Il n'y a point de ville où le nombre des temples ne soit presque égal à celui des maisons. Les empereurs et les princes se disputent la gloire d'en bâtir de magnifiques : aussi les richesses de quelques-uns de ces monuments ne surprennent-elles pas moins que leur nombre. Il n'est pas rare d'y voir quatre-vingts ou cent colonnes de cèdre d'une prodigieuse hauteur, et des statues colossales de bronze ; on y en voyait même autrefois d'or et d'argent, avec une quantité de lampes et d'ornements d'un grand prix. Les statues sont ordinairement couronnées de rayons. Les temples se nomment *mias*, c'est-à-dire demeure des âmes immortelles. Kœmpfer en compte plus de vingt-sept mille.

L'attrait le plus séduisant de la religion de Xaca, pour un peuple du caractère des Japonais, est l'immortalité qu'elle promet à la vertu dans une plus heureuse vie. De là ces scènes tragiques de tant de personnes de tout âge et de tout sexe qui courent à la mort de sang-froid, et même avec joie, dans l'opinion que le sacrifice de leur vie est agréable à leurs dieux, et qu'ils seront admis au bonheur sans épreuve. Rien n'est plus commun que de voir, le long des côtes de la mer, des barques remplies de ces fanatiques qui se précipitent dans l'eau, chargés de pierres, ou qui, perçant leurs barques, se laissent insensiblement submerger en chantant les louanges du dieu Canon, dont ils placent le paradis au fond des flots. Une multitude infinie de spectateurs les suit des yeux, élève leur courage jusqu'au ciel, et veut recevoir leur bénédiction avant qu'ils disparaissent.

D'autres s'enferment et se font murer dans des cavernes , dont l'espace leur suffit à peine pour demeurer assis , et où ils ne peuvent respirer que par un tuyau qu'on a soin de leur ménager. Là ils se laissent tranquillement mourir de faim , dans l'espérance que Xaca lui même viendra recevoir leurs âmes. D'autres montent sur des pointes de rochers extrêmement élevés , au-dessous desquels il se trouve des mines de soufre dont il sort quelquefois des flammes , et ne cessent point d'invoquer leurs dieux , en les priant d'accepter l'offre de leur vie , jusqu'à ce qu'ils voient la flamme qui commence à s'élever ; alors ils la prennent pour une marque que leur sacrifice est accepté , et , fermant les yeux , ils se jettent la tête la première au fond de l'abîme. D'autres se font écraser sous les roues des chariots sur lesquels on porte en procession leurs idoles , et se laissent fouler aux pieds ou étouffer dans la presse de ceux qui visitent les temples.

Tous les Japonais ne poussent pas si loin le fanatisme ; mais l'esprit de pénitence est assez commun dans la religion du Boudso. Un grand nombre de ces idolâtres commencent la journée , dans les plus rigoureux froids de l'hiver , par se faire verser sur la tête et sur tout le corps jusqu'à deux cents cruches d'eau glacée , sans qu'on remarque en eux le moindre frémissement ; d'autres entreprennent de longs pélerinages , marchant nu-pieds , par des chemins fort rudes , sur des pointes de cailloux , à travers les ronces et les épines , la tête découverte , bravant les ardeurs du soleil, la pluie , le froid , grimpant au sommet des rochers les plus escarpés , courant avec une vitesse inconcevable dans les lieux où les daims et les chamois passeraient avec moins de hardiesse , et marquant à ceux qui les suivent le chemin tracé de leur sang. Quelques-uns font vœu d'invoquer leurs dieux des milliers de fois par jour , prosternés contre terre , frappant chaque fois le pavé de leur front , qui en demeure écorché.

PHYSIONOMIE DE LA PERSE.

L'Européen qui met pour la première fois le pied sur le sol de la Perse en reçoit tout d'abord une impression désagréable et pénible , dit Morier ;

ses yeux, accoutumés à cet air de propreté et de confortable qui se remarque jusque dans nos moindres bourgades, embrasse avec peine cet ensemble de misère et de malpropreté qui caractérise le commun de la nation persane. Ce ne sont plus ces belles maisons aux toits élevés, aux vitraux éclatants, ces larges rues qui décorent nos cités ; là ce ne sont que de misérables huttes basses, sans fenêtres, des ruelles encombrées d'immondices. Au lieu de nos éclatantes boutiques, on ne voit que de tristes échoppes au milieu desquelles est assis le marchand pêle-mêle avec ses marchandises ; et puis la foule qui circule entre ces huttes est si différente de ce que nous avons coutume de voir ! tous ces hommes se trainent si nonchalamment avec leurs vêtements flottants, leurs longues barbes et leurs figures rébarbatives !

Ce qui frappe l'étranger qui arrive en Perse, dit Drouville, c'est la dissemblance complète des villes de cette contrée d'avec celles de l'Europe. Il est impossible de rien voir de plus triste dans aucun pays du monde. Les maisons, bâties en briques séchées, sont entourées de murs assez élevés pour en cacher entièrement la façade, qui est encore séparée de ce mur par une grande cour. On n'y voit d'autres ouvertures que des petites portes semblables à des guichets de prison ; de sorte que celui qui pénètre pour la première fois dans une ville persane ne sait trop où il se trouve, n'apercevant tout autour de lui que de hautes et tristes murailles. Il y a peu d'édifices publics, si ce n'est les bains et les bazars.

Il ne faudrait pas cependant conclure de ces descriptions que la Perse manque de magnificence ; et si l'on ne trouve point dans la classe moyenne cette aisance de nos pays civilisés, l'aristocratie, comme dans toutes les nations de l'Orient, se distingue par un luxe prodigieux.

REPAS EN PERSE.

Les Persans, qui sont très hospitaliers, et qui surtout aiment l'ostentation, traitent souvent, et déploient dans leurs festins un luxe prodigieux. Leurs salles à manger, semblables aux divans, ont la forme d'un carré long, et tout autour sont disposés des tapis de feutre de trois pieds de large environ, sur lesquels se placent les convives. Leur manière de s'asseoir prouve bien la force de l'habitude ; car il serait impossible à un Européen de garder une demi-heure la position d'un Persan assis. Comme les Turcs, ils s'asseyent à terre, mais sur leurs talons, au lieu de croiser les jambes. La manière dont un Persan fait son entrée dans une société est fort curieuse. Quelque nombreuse qu'elle soit, il voit de suite la place qui lui revient ; il laisse ses mules à la porte, et gagne sa place sans regarder personne ni dire un seul mot. Arrivé sur son tapis, il joint les deux pieds en se redressant, croise sa robe, se laisse tomber à genoux, et s'assied sur ses talons. C'est alors seulement qu'il lève les yeux et qu'il salue la société, en faisant à droite et à gauche de profondes inclinations de tête, et prononçant gravement le *salam-alekoum*.

Quand les convives sont tous réunis, on étend devant eux de grandes nappes de toile peinte, puis les domestiques apportent des cruches et des aiguières, et chacun reçoit de l'eau sur la main droite et l'essuie avec son mouchoir ; après quoi on sert le dîner. Les Persans ne connaissent point l'usage des cuillers, des fourchettes ni des couteaux ; ils mangent avec la main droite seulement, et ils dépècent fort adroitement avec cette seule main toutes les viandes, qui d'ailleurs sont assez cuites pour céder à la moindre pression des doigts. Ils tiennent la main gauche enveloppée dans un pli de leur robe, par-dessous le bras droit, et jamais on ne doit la laisser voir à table ; s'en servir pour toucher quelque plat serait de la dernière grossièreté. Quand le maître de la maison veut faire une politesse, il détache un morceau de viande, le pétrit dans du riz, et présente au convive privilégié cette boulette, fort peu appétissante pour un Européen. On ne connaît pas non plus en Perse l'usage des verres ; les boissons sont servies dans de grands bocaux, auprès de chacun desquels on place une cuiller de bois fort mince, dont le manche a environ dix-huit pouces de longueur, et qui sert à puiser et à boire.

Le dîner dure rarement une heure. Lorsqu'il est fini, on enlève fort lestement les plateaux et les nappes, et les domestiques reviennent avec leurs aiguières pleines d'eau tiède. Chaque convive rince sa bouche, lave sa main droite et sa barbe, et s'essuie avec son mouchoir, qui presque toujours est d'une saleté repoussante, car ils n'en changent, je crois, guère plus souvent que de chemise. On sert alors le café et les cailliaux ; mais tout cela sans que leur imperturbable gravité se déride un instant.

Les Persans aiment le café à la fureur ; le plus pauvre en prend deux ou trois fois par jour. Leur manière de le prendre diffère essentiellement de la nôtre : au lieu de moudre le café, ils le pilent ; ils le font cuire comme nous ; mais, au lieu de le laisser reposer, ils agitent fortement la cafetière pour bien mêler le marc ; de sorte que quand on le verse il ressemble à du chocolat très épais. Ils le prennent sans sucre, dans de petites tasses de Chine placées dans d'autres tasses en filigrane, qui suppléent aux soucoupes.

Le cailliau est peut-être pour les Persans une nécessité plus grave encore que le café. Le cailliau est une espèce de pipe montée sur une carafe, et assez connue maintenant pour que nous nous dispensions d'en faire la description. C'est l'objet d'un grand luxe et d'une grande dépense. Son entretien exige le service d'un homme uniquement occupé à le porter, le nettoyer et le charger. Cet homme suit son maître à cheval quand il voyage, portant toutes les pièces, tout l'attirail de cette pipe dispendieuse, jusqu'à une grande bouteille d'eau pour en changer à chaque fois, et un réchaud où il entretient du feu. Quand son maître veut fumer, il lui présente un tuyau de cuir élastique long de quinze à vingt pieds, et il le suit à cette distance, portant le cailliau allumé dans la main droite et conduisant son cheval de l'autre. Les riches ont des cailliaux d'or massif, enrichis de ciselures et quelquefois de pierreries ; la carafe est de cristal de roche, ciselée et dorée d'une manière admirable. Celui dont le roi se sert dans les jours d'apparat est tout couvert de perles, de brillants, de rubis et d'émeraudes. On assure qu'il vaut plus de deux millions de francs.

Les femmes fument le cailliau comme les hommes, et, quand elles se font visite, c'est, après le café, la première chose qu'elles s'empressent d'offrir.

JÉRUSALEM. — DESCRIPTION DES LIEUX SAINTS.

Nous nous contentons de donner la description de l'église du Saint-Sépulcre, empruntée à Deshayes, ambassadeur de Louis XIII aux lieux saints.

L'église du Saint-Sépulcre comprend le Saint-Sépulcre, le mont Calvaire et plusieurs autres lieux saints. Elle est fort irrégulière, car on s'est assujéti aux lieux qu'on voulait enfermer dedans. L'on y entrait autrefois par trois portes, mais aujourd'hui il n'y en a plus qu'une, dont les Turcs gardent soigneusement les clefs, de crainte que les pélerins n'y entrent sans payer les neuf sequins ou trente-six francs à quoi ils sont taxés ; j'entends ceux qui viennent de chrétienté, car pour les chrétiens sujets au grand-seigneur ils n'en paient pas la moitié. Cette porte est toujours fermée, et il n'y a qu'une petite fenêtre traversée d'un barreau de fer par où ceux de dehors donnent des vivres à ceux qui sont dedans.

En entrant dans l'église, on rencontre la pierre de l'*onction*, sur laquelle le corps de Notre-Seigneur fut oint de myrrhe et d'aloès avant que d'être mis dans le sépulcre. Quelques-uns disent qu'elle est du même rocher du mont Calvaire, et les autres tiennent qu'elle fut apportée dans ce lieu par Joseph et Nicodème, disciples secrets de Jésus-Christ, qui lui rendirent ce pieux office, et qu'elle tire sur le vert. Quoi qu'il en soit, à cause de l'indiscrétion de quelques pélerins qui la rompaient, on a été contraint de la couvrir de marbre blanc et de l'entourer d'un petit balustre de fer, de peur que l'on ne marche dessus. Elle a 2 mètres 60 centimètres de long et 1 mètre 95 centimètres de large, et au-dessus il y a huit lampes qui brûlent continuellement.

Le Saint-Sépulcre est à trente pas de cette pierre, justement au milieu du grand dôme dont j'ai parlé ; c'est comme un petit cabinet qui a été creusé et pratiqué dans une roche vive à la pointe du ciseau. La porte qui regarde l'orient n'a que 1 mètre 33 centimètre de haut et 80 centimètres de large ; de sorte qu'il se faut baisser grandement pour y

7

entrer. Le dedans du Sépulcre est presque carré : il a 1 mètre 95 centimètres de long et 1 mètre 90 centimètres de large, et depuis le bas jusqu'à la voûte 2 mètres 70 centimètres. Il y a une table solide de la même pierre qui fut laissée en creusant le reste ; elle a 91 centimètres de haut, et contient la moitié du Sépulcre, car elle a 1 mètre 95 centimètres de long et 1 mètre 67 centimètres de large. Ce fut sur cette table que le corps de Notre-Seigneur fut mis, ayant la tête vers l'occident et les pieds à l'orient ; mais à cause de la superstitieuse dévotion des Orientaux, qui croient qu'ayant laissé leurs cheveux sur cette pierre Dieu ne les abandonnerait jamais, et aussi parce que les pélerins en rompaient des morceaux, l'on a été contraint de la couvrir de marbre blanc, sur lequel on célèbre aujourd'hui la messe. Il y a continuellement quarante-quatre lampes qui brûlent dans ce saint lieu, et, afin d'en faire exhaler la fumée, l'on a fait trois trous à la voûte. Le dehors du Sépulcre est aussi revêtu de marbre et de plusieurs colonnes, avec un dôme au-dessus.

A l'entrée de la porte du Sépulcre, il y a une pierre de 50 centimètres carrés, et relevée d'une de 33 centimètres qui est du même roc, laquelle servait pour appuyer la grosse pierre qui bouchait la porte du Sépulcre. C'est sur cette pierre qu'était l'ange lorsqu'il parla aux Maries ; et tant à cause de ce mystère que pour ne pas entrer d'abord dans le Saint-Sépulcre, les premiers chrétiens firent une petite chapelle au-devant, qui est appelée la chapelle de l'ange.

A douze pas du Saint-Sépulcre, en tirant vers le septentrion, l'on rencontre une grande pierre de marbre gris, qui peut avoir 1 mètre 33 centimètres de diamètre, que l'on a mis là pour marquer le lieu où Notre-Seigneur se fit voir à la Madeleine en forme de jardinier.

Plus avant est la chapelle de l'apparition, où l'on tient par tradition que Notre-Seigneur apparut premièrement à la Vierge après sa résurrection. C'est le lieu où les religieux cordeliers font leur office et où ils se retirent : car de là ils entrent en des chambres qui n'ont point d'autre issue que par cette chapelle.

Continuant à faire le tour de l'église, l'on trouve une petite chapelle voûtée qui a 2 mètres 33 centimètres de long et 2 mètres de large, que l'on appelle autrement la prison de Notre-Seigneur, parce qu'il fut mis dans ce lieu en attendant que l'on eût fait le trou pour planter la croix. Cette chapelle est à l'opposite du mont Calvaire; de sorte que ces deux lieux sont comme la croisée de l'église, car le mont est au midi et la chapelle au septentrion.

Assez proche de là est une autre chapelle, de cinq pas de long et de trois de large, qui est au même lieu où Notre-Seigneur fut dépouillé par les soldats avant que d'être attaché à la croix, et où ses vêtements furent joués et partagés.

En sortant de cette chapelle on rencontre, à main gauche, un grand escalier qui perce la muraille de l'église pour descendre dans une espèce de cave qui est creusée dans le roc. Après avoir descendu trente marches, il y a une chapelle, à main gauche, que l'on appelle vulgairement la Sainte-Hélène, à cause qu'elle était là en prière pendant qu'elle faisait chercher la sainte croix. L'on descend encore onze marches jusqu'à l'endroit où elle fut trouvée avec les clous, la couronne d'épines et le fer de la lance, qui avaient été cachés en ce lieu plus de trois cents ans.

Proche du haut de ce degré, en tirant vers le mont du Calvaire, est une chapelle qui a quatre pas de long et deux et demi de large, sous l'autel de laquelle on voit une colonne de marbre gris, marqueté de taches noires, qui a 67 centimètres de haut et 33 de diamètre; elle est appelée la colonne d'*Impropere*, parce qu'on y fit asseoir Notre-Seigneur pour le couronner d'épines.

L'on rencontre, à dix pas de cette chapelle, un petit degré fort étroit, dont les marches sont de bois au commencement et de pierre à la fin; il y en a vingt en tout, par lesquelles on va sur le mont du Calvaire. Ce lieu, qui était autrefois si ignominieux, ayant été sanctifié par le sang de Notre-Seigneur, les premiers chrétiens en eurent un soin particulier; et, après avoir ôté toutes les immondices et toute la terre qui était dessus, ils l'enfermèrent de murailles; de sorte que c'est à présent comme une chapelle haute qui est enclose dans cette grande église; elle est revêtue de marbre par dedans et séparée en deux par une arcade. Ce qui est vers le septentrion est l'endroit où Notre-Seigneur fut attaché à la croix. Il y a toujours trente-deux lampes ardentes qui sont entretenues par les cordeliers, qui célèbrent aussi tous les jours la messe en ce saint lieu.

En l'autre partie, qui est au midi, fut plantée la sainte croix. On voit encore le trou qui est creusé dans le roc environ un pied et demi, outre la terre qui était dessus. Le lieu où étaient les croix des deux larrons est proche de là. Celle du bon larron était au septentrion, et l'autre au midi; de manière que le premier était à la main droite de Notre-Seigneur, qui avait la face tournée vers l'occident, et le dos du côté de Jérusalem, qui était à l'orient. Il y a continuellement cinquante lampes ardentes pour honorer ce saint lieu.

Au-dessus de cette chapelle sont les sépultures de Godefroi de Bouillon et de Baudouin, son frère.

Le mont du Calvaire est la dernière station de l'église du Saint-Sépulcre; car, à vingt pas de là, l'on rencontre la pierre de l'*onction*, qui est justement à l'entrée de l'église.

Ajoutons à cette description cette belle page de l'illustre auteur de l'Itinéraire de Paris à Jérusalem.

LA JUDÉE.

« Quand on voyage dans la Judée, dit Chateaubriand, d'abord un grand ennui saisit le cœur; mais lorsque, passant de solitude en solitude, l'espace s'étend sans bornes devant vous, peu à peu l'ennui se dissipe, on éprouve une terreur secrète qui, loin d'abaisser l'âme, donne du courage et élève le génie.

» Des aspects extraordinaires décèlent de toutes parts une terre travaillée par les miracles : le soleil brûlant, l'aigle impétueux, le figuier stérile, toute la poésie, tous les tableaux de l'Ecriture sont là.

» Chaque nom renferme un mystère, chaque grotte déclare l'avenir, chaque sommet retentit des accents d'un prophète.

» Dieu même a parlé sur ces bords ; les torrents désséchés, les rochers fendus, les tombeaux entr'ouverts attestent le prodige ; le désert paraît encore muet de terreur, et l'on dirait qu'il n'a osé rompre le silence depuis qu'il a entendu la voix de l'Eternel. »

AFRIQUE.

PREMIÈRES EXPÉDITIONS.

L'Afrique est une région immense, située en grande partie entre les tropiques. Baignée de tous côtés par la mer, elle tient au continent de l'Asie par une langue de terre de vingt lieues, nommée l'isthme de Suez. L'intérieur du pays est peu connu ; il a toujours été difficile d'y pénétrer. Les sables brûlants, les déserts arides, des peuplades sauvages et inhospitalières, des chaînes de rochers qui traversent les fleuves et rendent la navigation impraticable, les influences du climat, tous les obstacles réunis ont longtemps découragé la curiosité et même l'avidité du voyageur et du commerçant. Ce n'est que depuis la fin du siècle dernier qu'il s'est rencontré des hommes assez intrépides pour affronter tous ces dangers et dérober au prix de leur vie les secrets des déserts africains. Mais les côtes ont été fréquentées dans tous les temps, surtout la côte orientale qui regarde l'Inde, et qui est voisine de la mer Rouge, de ce golfe qui, par sa situation, semble fait pour rapprocher l'Afrique et l'Asie, et qui a dû toujours être le centre d'un grand commerce.

C'est de la mer Rouge que partirent, sous le règne de Nécao, les navigateurs phéniciens qui, au rapport d'Hérodote, firent en trois ans le tour de l'Afrique, et, après avoir parcouru l'Océan, revinrent en Egypte par le détroit de Gibraltar et la Méditerranée. Hannon et Hamilcon firent aussi le même circuit depuis Gadès jusqu'au golfe d'Arabie. Mais cette route, devenue depuis si facile et si commune pour les Européens, était alors un effort rare et pénible pour les peuples qui ne pouvaient que suivre les côtes. Toute la partie occidentale d'Afrique, depuis Gibraltar jusqu'au cap de Bonne-Espérance, n'a été bien connue que depuis que les Portugais eurent doublé le cap en allant aux Indes par mer.

Cependant plusieurs voyageurs, entre autres Vilhaut de Bellefond et Labat, prouvent, par les monuments qui subsistent encore en Afrique, que, dès le milieu du quatorzième siècle, c'est-à-dire plus de cent ans avant les premières découvertes des Portugais, des marchands français de Dieppe, en suivant les côtes depuis Gibraltar, allèrent au Sénégal et jusqu'en Guinée, et formèrent des établissements sur la côte de la Malaguette, d'où ils rapportaient du poivre et de l'ivoire. On donne pour preuve de ces voyages les noms français qui se sont conservés dans ces contrées, où des baies s'appellent encore Baies de France, où deux cantons sont encore nommés, l'un le Petit-Dieppe, l'autre le Petit-Paris. On ajoute que les tambours nègres battent encore une marche française. On avance enfin que le célèbre château de la Mina ne fut bâti par les Portugais que sur les ruines d'un ancien établissement français qui avait été abandonné pendant les guerres civiles, ainsi que d'autres possessions à Cormentin et à Commendo.

ANDRÉ BRUE.

Brue était directeur général de la Compagnie française d'Afrique, vers la fin du dix-septième siècle et au commencement du dix-huitième. Ses voyages, qui ont été fréquents, eurent tous pour objet le bien du commerce et l'intérêt de sa patrie. Nous n'en donnons que quelques extraits.

ROIS DE LOANGO. — USAGES DES NÈGRES.

Loango était autrefois soumis au roi de Congo ; mais un gouverneur du pays s'étant fait proclamer roi, envahit une si grande partie des états de son souverain, que le royaume de Loango est aujourd'hui fort étendu et tout-à-fait indépendant ; mais il est toujours regardé comme faisant partie du pays de Congo.

Les rois de Loango sont respectés comme des dieux , et portent le titre de *samba* et de *pango,* qui signifie, dans le langage du pays, dieu ou divinité. Les sujets sont persuadés que leur prince a le pouvoir de faire tomber la pluie du ciel. Ils s'assemblent au mois de décembre pour l'avertir que c'est le temps où les terres en ont besoin, ils le supplient de ne pas différer cette faveur, et chacun lui apporte un présent dans cette vue. Le monarque indique un jour auquel tous ses nobles doivent se présenter devant lui armés comme en guerre , avec tous leurs gens. Ils commencent les cérémonies de cette fête par des exercices militaires, et rendent à genoux leur hommage au roi , qui les remercie de leur soumission et de leur fidélité. Ensuite on étend à terre un tapis d'environ 27 mètres de circuit , sur lequel est placé le trône où il est assis. Alors il commande à ses officiers de faire entendre leurs tambours et leurs trompettes. Les tambours sont si gros qu'un homme seul ne suffit pas pour les porter ; les trompettes sont des dents d'éléphant d'une grandeur extraordinaire , creusées et polies avec beaucoup d'art. Le bruit de cette musique est effroyable. Après ce concert barbare, le roi se lève et lance une flèche vers le ciel. S'il pleut le même jour, les réjouissances et les acclamations sont poussées jusqu'à l'extravagance.

Une loi défend, sous peine de mort, de regarder boire ou manger le roi. On rapporte un exemple de l'atrocité du traitement que l'on fait éprouver aux malheureux qui par hasard enfreignent cet usage. Un fils du roi , âgé de onze ou douze ans , étant entré dans la salle tandis que son père buvait, fut saisi par l'ordre de ce prince, revêtu sur-le-champ d'un habit fort riche , et traité avec toutes sortes de liqueurs et d'aliments. Mais aussitôt qu'il eut achevé ce funeste repas, il fut coupé en quatre quartiers qui furent portés dans toutes les villes, avec une proclamation qui apprenait au public la cause de son supplice. Ce trait exécrable est confirmé par une barbarie de la même nature que rapporte un témoin. Un autre fils du roi, mais plus jeune, ayant couru vers son père pour l'embrasser dans les mêmes circonstances, le grand-prêtre demanda qu'il fût puni de mort. Le roi y consentit, et sur-le-champ ce malheureux enfant eut la tête fendue d'un coup de hache. Le grand-prêtre recueillit quelques gouttes de son sang dont il frotta les bras du roi, pour détourner les malheurs d'un tel présage. Cette loi s'étend jusqu'aux bêtes. Les portugais de Loango avaient fait présent au roi d'un fort beau chien d'Europe, qui, n'étant pas bien gardé, entra dans la salle du festin pour caresser son maître : il fut massacré sur-le-champ.

Cet usage vient d'une opinion superstitieuse et généralement établie dans la nation, que le roi mourrait subitement si quelqu'un l'avait vu boire ou manger. On croit détourner le malheur dont il est menacé en faisant mourir le coupable à sa place. Quoiqu'il mange toujours seul, il lui arrive quelquefois de boire en compagnie; mais ceux qui lui présentent la coupe tournent aussitôt le visage contre terre, jusqu'à ce qu'il ait cessé de boire. Si ses courtisans boivent dans la même salle, ils sont obligés de tourner le dos pendant qu'ils ont le verre à la bouche. Il n'est permis à personne de boire dans le verre dont le roi s'est servi, ni de toucher aux aliments dont il a goûté. Tout ce qui sort de sa table doit être enterré sur-le-champ.

Il y a des crieurs publics dont l'office est de proclamer les ordres du roi dans la ville, et de publier ce qu'on a perdu ou trouvé. Battel parle d'une sonnette du roi qui ressemble à celle des vaches de l'Europe, et dont le son est si redoutable aux voleurs qu'ils n'osent garder un moment leurs vols après l'avoir entendue. Ce voyageur, étant logé dans une petite maison à la mode du pays, avait suspendu son fusil au mur. Il lui fut enlevé dans son absence. Sur ses plaintes, le roi fit sonner la cloche, et dès le matin du jour suivant le fusil se trouva devant la porte de Battel.

Vis-à-vis le trône du roi sont assis quelques nains, le dos tourné vers lui. Ils ont la tête d'une prodigieuse grosseur, et, pour se rendre encore plus difformes, ils sont enveloppés dans une peau de quelque bête féroce.

MŒURS ET USAGES DES IOLOFS.

Les Iolofs habitent le long de l'Océan , entre le fleuve du Sénégal et la Gambie.

Une des principales qualités qui se font remarquer chez ces peuples , et qui paraît leur être commune avec tous les nègres de la côte, c'est le penchant au vol; mais ils ont une adresse à voler qui leur est particulière.

Ce n'est pas sur les mains d'un voleur qu'il faut avoir les yeux ouverts, c'est sur ses pieds. Comme la plupart des nègres marchent pieds nus, ils acquièrent autant d'adresse dans cette partie que nous en avons aux mains ; ils ramassent une épingle à terre. S'ils voient un morceau de fer , un couteau , des ciseaux, ou toute autre chose , ils s'en approchent, ils tournent le dos à la proie qu'ils ont en vue; ils vous regardent en tenant les mains ouvertes. Pendant ce temps ils saisissent l'instrument avec le gros orteil, et, pliant le genou, ils lèvent le pied par derrière jusqu'à leurs pagnes, qui servent à cacher le vol ; la main achève de le mettre en sûreté.

Ils n'ont pas plus de probité à l'égard de leurs compatriotes de l'intérieur des terres, qu'ils appellent montagnards. Lorsqu'ils les voient arriver pour le commerce, sous prétexte de servir à transporter leurs marchandises ou de leur rendre l'office d'interprètes, ils leur dérobent une partie de ce qu'ils ont apporté.

Leur avidité barbare va bien plus loin, car il s'en trouve qui vendent leurs enfants, leurs parents et leurs voisins. Pour cette perfidie, on s'adresse à ceux qui ne peuvent se faire entendre des Français. Ils les conduisent au comptoir pour y porter quelque chose, et, feignant que ce sont des esclaves achetés, ils les vendent, sans que ces malheureuses victimes puissent s'en défier, jusqu'au moment qu'on les enferme ou qu'on les charge de chaines.

Un vieux nègre, ayant résolu de vendre son fils, le conduisit au comptoir; mais le fils, qui se défia de ce dessein, se hâta de tirer un facteur à l'écart et de vendre lui-même son père. Lorsque ce vieillard se vit environné de marchands prêts à l'enchaîner, il s'écria qu'il était le père de celui qui l'avait vendu. Le fils protesta le contraire, et le marché demeura conclu; mais celui-ci, retournant en triomphe, rencontra le chef du canton, qui le dépouilla de ses richesses mal acquises, et revint le vendre au marché.

Quantité de petits nègres des deux sexes sont enlevés tous les jours par leurs voisins, lorsqu'ils s'écartent dans les bois, sur les chemins, ou dans les plantations, pour chasser les oiseaux qui viennent manger le millet et les autres grains. Dans les temps de famine, un grand nombre de nègres se vendent eux-mêmes pour s'assurer du moins la vie.

Hélas ! jusques à quand durera cet odieux trafic ! Combien de temps encore sera étouffée la voix de la religion, seront foulés aux pieds les sentiments les plus sacrés de la nature et de l'humanité ! Mais lisez encore.

ENLÈVEMENT DES ESCLAVES CHEZ LES MANDINGUES.

Les mandingues occupent les deux bords de la Gambie. On compte leurs richesses par le nombre de leurs esclaves. Pour en fournir aux Européens, leur méthode est d'envoyer une troupe de gardes autour de quelque village, avec ordre d'enlever le nombre des habitants dont ils ont besoin. On lie les mains derrière le dos à ces misérables victimes pour les conduire droit aux vaisseaux, et, lorsqu'ils y ont reçu la marque du bâtiment, ils disparaissent pour jamais. On transporte ordinairement les enfants dans des sacs, et l'on met un bâillon aux hommes et aux femmes, de peur qu'en traversant les villages ils n'y répandent l'alarme par leurs cris. Ce n'est pas dans les lieux voisins des comptoirs qu'on exerce ces violences, l'intérêt des princes n'est pas de les ruiner; mais les villes intérieures du pays sont traitées sans ménagement. Il arrive quelquefois que les prisonniers s'échappent des mains de leurs gardes, et que, rassemblant les habitants par leurs cris, ils poursuivent ensemble les ministres du roi. S'ils peuvent les arrêter, leur vengeance est de les conduire à la ville royale. Le roi ne manque jamais de désavouer leur commission ; mais, pour ne rien perdre de ses espérances, et sous prétexte de justice, il vend sur-le-champ les coupables pour l'esclavage ; et si les habitants arrêtés paraissent devant le roi pour rendre témoignage contre leurs ravisseurs, ils sont aussi vendus, comme si le malheur qu'ils ont souffert devenait un droit sur leur liberté.

CHASSE CHEZ LES NÈGRES.

Les nègres de la Gambie, du Sénégal et du cap Vert sont excellents tireurs, quoique la plupart n'aient pas d'autres armes que leur dards et leurs flèches, qui leur servent à tuer des cerfs, des lièvres, des pintades, des perdrix et d'autres sortes d'animaux. Ceux qui habitent plus loin dans les terres ont beaucoup moins d'habileté pour cet exercice, et n'y prennent pas tant de plaisir. Un facteur français de l'île Saint-Louis au Sénégal eut un jour la curiosité d'aller avec eux à la chasse de l'éléphant. Ils en trouvèrent un, qui fut percé de plus de deux cents coups de balles ou de flèches. Il ne laissa pas de s'échapper ; mais le jour suivant il fut trouvé mort à cent pas du lieu même où il avait été tiré. Les nègres du Sénégal se joignent pour la chasse au nombre de soixante, armés chacun de six petites flèches et d'une grande. Lorsqu'ils ont découvert la trace d'un éléphant, ils s'arrêtent pour l'attendre, et le bruit qu'il fait en brisant les branches ne tarde pas à le trahir. Alors ils se mettent à le suivre, en lui décochant continuellement des flèches, jusqu'à ce que la perte de son sang leur fasse juger qu'il est fort affaibli. Ils s'en aperçoivent aussi à la faiblesse de ses efforts contre les obstacles qu'il trouve à sa fuite. Quelquefois l'animal s'échappe malgré toutes ses blessures, mais c'est ordinairement pour mourir quelques jours après dans le lieu où ses forces l'abandonnent. C'est à ces accidents qu'il faut attribuer la rencontre qu'on fait souvent dans les forêts de plusieurs dents d'éléphant. La chair est dévorée par d'autres bêtes, les os tombent en pourriture, et les dents sont les dernières parties qui résistent. Cependant, comme elles ne peuvent être longtemps exposées aux injures de l'air sans s'altérer beaucoup, elles perdent quelque chose de leur prix.

ARTS ET MÉTIERS CHEZ LES NÈGRES.

Ils n'ont pas d'autres ouvriers que ceux qui sont absolument nécessaires au soutien de la vie, tels que des forgerons, des tisserands, des potiers de terre. Le métier de forgeron, qu'ils appellent *ferraro,* est le principal, parce qu'il est le plus indispensable. Ils ont chez eux des mines de fer, mais elles sont éloignées des côtes : de sorte que ceux qui habitent près de la mer achètent généralement ce métal des Européens.

Les forgerons n'ont pas d'ateliers qui méritent le nom de boutiques ni de forges ; ils portent avec eux leurs ustensiles, et se mettent sous le premier arbre pour y travailler. Ils n'ont pas d'autre instrument qu'une petite enclume, une peau de bouc qui leur sert de soufflet, quelques marteaux, une paire de tenailles et deux ou trois limes. Leur indolence paraît jusqu'au milieu du travail, car ils sont assis, ils fument, ils s'entretiennent avec le premier venu. Comme leur enclume n'a que le pied en terre ou dans le sable, sans aucun soutien pour la fixer, quelques coups la renversent, le temps se perd à la redresser. Ordinairement ils sont trois au travail d'une même forge. L'unique occupation de l'un est de souffler continuellement. Leurs soufflets sont composés d'une peau de bouc coupée en deux, ou de deux peaux jointes ensemble, avec un passage à l'extrémité pour le tuyau. Ils n'emploient le plus souvent que du bois, faute de charbon. Le nègre dont l'emploi est de souffler se tient assis derrière les soufflets, et les presse alternativement des coudes et des genoux. Les deux autres sont assis de leur côté avec l'enclume au milieu d'eux, et frappent aussi négligemment sur le métal que s'ils appréhendaient de le blesser. Ils ne laissent pas de forger d'assez jolis ouvrages en or et en argent. Ils font des couteaux, des haches, des crocs, des pelles, des scies.

PRATIQUES PIEUSES CHEZ LES NÈGRES.

On sait que les mahométans d'Asie font le salam ou la prière cinq fois le jour et la nuit. Le vendredi, qui est le jour de leur sabbat, ils la font sept fois ; mais ceux des nègres qui sont bons mahométans se contentent de prier trois fois le jour, c'est-à-dire le matin, à midi et le soir. Chaque village a son marabout ou prêtre, qui les rassemble pour ce devoir. Le lieu de leurs assemblées est un champ qui leur sert de mosquée. Là, après les ablutions ordonnées par l'Alcoran, ils se rangent en plusieurs lignes derrière le prêtre, dont ils imitent les mouvements et les gestes. Ils ont le visage tourné vers l'orient ; mais lorsqu'ils sont fatigués de leur posture, ils s'accroupissent à la manière des femmes, en tournant le visage vers l'ouest.

Le marabout étend les bras, répète plusieurs mots d'une voix si haute que toute l'assemblée peut les répéter après lui ; il se met à genoux, baise la terre, recommence par trois fois cette cérémonie, et tout ce qu'il fait est imité par les assistants. Ensuite il se met à genoux pour la quatrième fois, et fait quelque temps sa prière en silence. Il se relève, et, traçant du doigt, autour de lui, un cercle dans lequel il imprime plusieurs caractères, il les baise respectueusement ; après quoi, la tête appuyée sur les deux mains, et les yeux fixés contre terre, il passe quelques moments dans une profonde méditation. Enfin il prend du sable et de la poussière, se la jette sur la tête et sur le visage, et commence à prier d'une voix haute, en touchant la terre du doigt et le levant au front. Pendant toutes ces formalités, il répète plusieurs fois ces mots : *Salam-aleck*, c'est-à-dire : Je vous salue. Il se lève, toute l'assemblée suit son exemple, et chacun se retire. La modestie, le respect et l'attention qu'ils apportent à cet exercice causent une juste admiration à nos voyageurs. La prière dure une grande demi-heure, et se renouvelle trois fois le jour. Il n'y a point d'affaire ni de compagnie qui leur en fasse oublier le temps. S'ils ne peuvent assister à l'assemblée, ils se retirent à l'écart pour observer les mêmes pratiques, et, lorsqu'ils manquent d'eau pour leur ablution, ils emploient de la terre. Brue, qui fut plusieurs fois témoin de leurs cérémonies, eut la curiosité de demander aux marabouts quel était le sens de leurs postures et de leurs prières. Ils lui répondirent qu'ils adoraient Dieu en se prosternant devant lui ; que cette humiliation était un aveu de leur néant aux yeux du premier Etre, et qu'ils le priaient de pardonner leurs fautes et de leur accorder les commodités dont ils avaient besoin, telles qu'une femme, des enfants, une moisson abondante, la victoire sur leurs ennemis, une bonne pêche, la santé, et l'exemption de toutes sortes de dangers.

Aussitôt qu'ils voient paraître la première lune de l'équinoxe d'automne, ils la saluent en crachant dans leurs mains et en les étendant vers le ciel ; ensuite ils les tournent plusieurs fois autour de leur tête, et répètent à deux ou trois reprises la même cérémonie. En général, les mahométans rendent beaucoup de respect à la nouvelle lune, la saluent aussitôt qu'ils la voient paraître, ouvrent leur bourse, et demandent au ciel que leurs richesses puissent augmenter avec les quartiers de la lune.

Le ramadan ou le carême des mahométans nègres est observé avec beaucoup de rigueur. Ils ne mangent et ne boivent qu'après le coucher du soleil. Les dévots n'avaleraient pas même leur salive, et se couvrent la bouche d'un morceau d'étoffe, de peur qu'il n'y entre une mouche. Malgré la passion qu'ils ont pour le tabac, ils ne touchent point à leur pipe. Mais lorsque la nuit arrive ils se dédommagent de l'abstinence du jour. Les grands et les riches passent ensuite toute la journée à dormir.

DÉTAILS SUR LE ROYAUME DE JUIDA ET SES HABITANTS.

La côte des Esclaves comprend plusieurs petits royaumes qui tous font le commerce des esclaves. Celui de Juida est le centre de ce commerce, et le pays le plus fréquenté et le mieux connu des Européens sous cette latitude.

Tous les Européens qui ont fait le voyage de Juida conviennent que c'est une des plus délicieuses contrées de l'univers. Les arbres y sont

8

d'une grandeur et d'une beauté admirables, sans être masqués, comme dans les autres parties de la Guinée, par des buissons et de mauvaises plantes. La verdure des campagnes, qui ne sont divisées que par des bosquets ou par des sentiers fort agréables, et la multitude des villages qui se présentent dans un si bel espace, forment la plus charmante perspective qu'on puisse imaginer. Il n'y a ni montagnes ni collines qui arrêtent la vue; tout le pays s'élève doucement, jusqu'à trente ou quarante milles de la côte, comme un large et magnifique amphithéâtre, d'où les yeux se promènent jusqu'à la mer. Plus on avance, plus on le trouve peuplé. C'est la véritable image des Champs-Elysées; du moins les voyageurs osent donner ce nom à cette belle contrée, sans réfléchir qu'un pays où l'on trafique sans cesse de la liberté des hommes rappelle plutôt l'idée de l'enfer que celle de l'Elysée.

A ceux qui viennent de la mer, cette contrée présente un spectacle charmant : c'est un mélange de petits bois et de grands arbres; ce sont des groupes de bananiers, de figuiers, d'orangers, etc., au travers desquels on découvre les toits d'un nombre infini de villages dont les maisons, couvertes de paille et couronnées de cannes, forment un très beau paysage.

Les nègres de Juida, bien différents de la plupart des peuples de Guinée, n'abandonnent que les terres absolument stériles; tout est cultivé, semé, planté jusqu'aux enclos de leurs villages et de leurs maisons. Leur activité va si loin que le jour de leur moisson ils recommencent à semer, sans laisser à la terre un moment de repos. Aussi leur terroir est-il si fertile qu'il produit deux ou trois fois l'année. Les pois succèdent au riz, le millet vient après les pois, le maïs après le millet, les patates et les ignames après le maïs. Les bords des fossés, des haies et des enclos sont plantés de melons et de légumes : il ne reste pas un pouce de terre en friche. Leurs grands chemins ne sont que des sentiers. La méthode commune pour cultiver la terre est de l'ouvrir en sillons : la rosée qui se rassemble au fond de ces ouvertures, et l'ardeur du soleil qui en échauffe les côtés, hâtent beaucoup plus les progrès de leurs plantes et de leurs semences que dans un terroir plat.

Tout le pays est rempli de villages et si peuplé qu'il ne paraît composer qu'une seule ville divisée en autant de quartiers, et partagée seulement par des terres cultivées qu'on prendrait pour des jardins.

Les principales marchandises du royaume de Juida sont les étoffes de la fabrique des femmes, les nattes, les papiers, les cruches pour le peytou, les calebasses de toutes sortes de grandeurs, les plats et les tasses de bois, les pagnes rouges et bleues, la malaguette, le sel, l'huile de palmier, le kanky, et d'autres denrées.

SUPERSTITIONS DES NÈGRES DE JUIDA.

Ils appréhendent tellement la mort qu'ils ne peuvent en entendre parler, dans la crainte de hâter son arrivée en prononçant son nom; c'est un crime capital de la nommer devant le roi et les grands. Bosman, dans son premier voyage, se disposant à partir, demanda au roi, qui lui devait environ cent livres sterling (2,400 fr.), de qui il recevrait cette somme à son retour, en cas de mort. Tous les assistants parurent extrêmement surpris à cette question; mais le roi, qui entendait un peu la langue portugaise, considérant que Bosman ignorait les usages du pays, lui répondit avec un sourire : « Soyez là-dessus sans inquiétude; vous ne me trouverez pas mort, car je vivrai toujours. » Bosman s'aperçut fort bien qu'il avait commis une imprudence. Lorsqu'il fut retourné au comptoir, son interprète lui apprit qu'il était défendu, sous peine de la vie, de parler de mort en présence du roi, et, bien plus, de parler de la sienne. Cependant, étant devenu plus familier avec ce prince, dans son second et dans son troisième voyage, il prit la liberté de railler souvent les seigneurs de la cour sur la crainte qu'ils avaient de la mort; il parvint à les faire rire de leur propre faiblesse, et le roi même prenait plaisir à l'entendre; mais les nègres n'en étaient pas moins réservés, et n'osaient ouvrir la bouche sur le même sujet.

SERPENT FÉTICHE DES NÈGRES DE JUIDA.

Le voyageur Desmarchais donne une description fort exacte de l'espèce de serpent qui fait le principal objet de la religion de Juida, et qu'on nomme serpent fétiche. Cette espèce a la tête grosse et ronde, les yeux bleus et fort ouverts, la langue courte et pointue comme un dard, le mouvement d'une grande lenteur, excepté lorsqu'elle attaque un serpent venimeux; elle a la queue petite et pointue, la peau fort belle; le fond de sa couleur est un blanc sale, avec un mélange agréable de raies et de taches jaunes, bleues et brunes. Ces serpents sont d'une douceur surprenante : on peut marcher sur eux sans crainte, ils se retirent sans aucune marque de colère.

Ils sont si privés qu'ils se laissent prendre et manier. Leur unique antipathie est contre les serpents venimeux dont la morsure est dangereuse; ils les attaquent dans quelque lieu qu'ils les rencontrent, et semblent prendre plaisir à délivrer les hommes de leur poison. Les blancs mêmes ne font pas difficulté de manier ces innocentes créatures, et badinent avec elles sans le moindre danger. Il ne faut pas craindre de les confondre avec les autres. L'espèce de serpents venimeux est noire, longue de deux brasses, et d'un pouce et demi de diamètre; ils ont la tête plate et deux dents crochues; ils rampent toujours la tête levée et la gueule ouverte, attaquant tout ce qui se présente. Le serpent sacré a moins de longueur, il n'a point ordinairement plus de sept pieds et demi; mais il est aussi gros que la cuisse d'un homme. Les nègres assurent que le premier père de cette race est encore vivant, et qu'il est d'une prodigieuse grosseur.

Une des principales raisons qui l'a fait choisir aux nègres pour l'objet de leur culte est la bonté de son naturel. C'est un crime capital de lui nuire ou de l'outrager volontairement; mais s'il arrive par hasard qu'on marche dessus, il se retire avec plus de frayeur que de colère; ou, s'il mord, la blessure est toujours sans danger.

Ce serpent vient d'Ardra dans son origine ; il fut apporté avec toutes sortes d'honneurs ; on lui bâtit un temple, on assigna un fonds pour sa subsistance, et bientôt ce nouveau fétiche prit l'ascendant sur toutes les anciennes divinités ; son culte ne fit ensuite qu'augmenter à proportion des faveurs dont on se crut redevable à sa protection. C'est lui qui préside au commerce, à la guerre, à l'agriculture, aux maladies, à la stérilité, etc. Le premier édifice qu'on avait bâti pour le recevoir parut bientôt trop petit. On prit le parti de lui élever un nouveau temple, avec de grandes cours et des appartements spacieux ; on établit un grand pontife et des prêtres pour le servir. Tous les ans on choisit quelques filles qui lui sont consacrées.

Ce qu'il y a de plus remarquable, c'est que les nègres du Juida sont persuadés que le serpent qu'ils adorent aujourd'hui est le même qui fut apporté par leurs ancêtres, et qui leur fit gagner une glorieuse victoire. La postérité de ce noble animal est devenue fort nombreuse, et n'a pas dégénéré des bonnes qualités de son premier père. Quoiqu'elle soit moins honorée que le chef, il n'y a pas de nègre qui ne se croie fort heureux de rencontrer des serpents de cette espèce, et qui ne les loge et ne les nourrisse avec joie. Il les régale avec du lait. Si c'est une femelle, et qu'ils s'aperçoivent qu'elle soit pleine, ils lui construisent un nid pour mettre ses petits au monde, et prennent soin de les élever jusqu'à ce qu'ils soient en état de chercher leur nourriture. Comme ils sont incapables de nuire, personne n'est porté à les insulter ; mais s'il arrivait à quelqu'un, nègre ou blanc, d'en tuer ou d'en blesser un, toute la nation serait prompte à se soulever. Le coupable, s'il était nègre, serait assommé ou brûlé sur-le-champ, et tous ses biens confisqués ; si c'était un blanc, ou qu'il eût le bonheur de se dérober à la furie du peuple, il en coûterait une bonne somme à sa nation pour lui procurer la liberté de reparaître.

Les animaux qui tueraient ou blesseraient un serpent fétiche ne seraient pas plus à couvert du châtiment que les hommes. En 1697, un porc qui avait été tourmenté par un serpent se jeta dessus et le dévora. Nicolas Pell, facteur hollandais, qui fut témoin de cette scène, ne put être assez prompt pour l'empêcher. Les prêtres portèrent leur plainte au roi, et personne n'osant prendre la défense des porcs, ils obtinrent de ce prince une sentence qui condamnait à mort tous les porcs du royaume. Des milliers de nègres, armés d'épées et de massues, commencèrent aussitôt cette sanglante exécution. En vain les maîtres représentèrent l'innocence de leurs troupeaux : toute la race eût été détruite, si le roi, qui n'avait pas l'humeur sanguinaire, n'eût arrêté le massacre par un contre-ordre.

BRUCE, ÉCOSSAIS.

LE principal objet du voyage de BRUCE en
Afrique était la découverte des sources du Nil,
et cette entreprise, qu'il mena à bonne fin, et
contre laquelle étaient venus échouer jusqu'alors
tous les efforts des voyageurs et des conquérants,
a immortalisé son nom.

Cet illustre Ecossais partit en 1768; il visita
successivement Tunis, Tripoli, Rhodes, Chypre,
la Syrie; de là, à travers mille périls, il pénétra
dans l'Abyssinie, où il resta quatre ans; voici un
extrait de sa relation.

DESCRIPTION D'UN REPAS SANGLANT EN ABYSSINIE.

« Je rencontrai dans une de mes courses trois voyageurs qui avaient l'air de trois soldats, et qui faisaient marcher devant eux une vache. Ils firent halte au bord du vaisseau, et l'un d'eux coupa quelques tranches de viande sur le bas de la croupe de cette pauvre vache, après quoi ils la firent marcher comme auparavant. Quand je fus de retour en Angleterre, et que je racontai ce fait, on jeta les hauts cris, et des gens à qui les mœurs et les coutumes de l'Abyssinie étaient parfaitement étrangères soutinrent que la chose était impossible. Les Jésuites, qui ont séjourné plus de cent ans avant moi parmi les Abyssiniens, racontent presque à chaque page de leur relation que ce peuple mange de la chair crue, et cependant mes contradicteurs n'en savaient rien.

» Lorsque l'épée et le bouclier sont suspendus dans le repos, les principaux habitants des villages, comme les citoyens des villes et les gens qui fréquentent la cour, se réunissent entre amis, tant hommes que femmes, pour dîner ensemble.

» On place dans une grande salle une longue table entourée de bancs, sur lesquels les convives s'asseyent. On conduit à la porte de la salle à manger une vache ou un taureau, suivant que la compagnie est nombreuse, et, quand on a bien lié les pieds de l'animal, on lui fend la peau qui lui pend sous la gorge et que nous appelons le fanon, mais on la fend de manière à n'arriver qu'à la partie grasse qui compose ce fanon, et à se contenter de percer quelques petites veines d'où l'on fait couler à terre cinq ou six gouttes de sang seulement. On fait en sorte de tenir l'animal en vie jusqu'à ce qu'on ait achevé de le dévorer. Quand ils croient avoir satisfait à la loi de Moïse, en répandant à terre quelques gouttes du sang de l'animal, deux ou trois de la troupe se mettent à leur sanglant ouvrage. Ils commencent par lui lever la peau de chaque côté du dos; ensuite, enfonçant leurs doigts entre cuir et chair, ils l'écorchent jusqu'à la moitié des côtes et sur la croupe, coupant toujours la peau dans les endroits où ils seraient gênés pour la lever ; puis ils dépècent la viande sans toucher aux os , et les mugissements plaintifs du pauvre animal sont le signal auquel on se met à table.

» Au lieu d'assiettes , on sert devant chaque convive des gâteaux ronds de l'épaisseur d'environ un demi-travers de doigt. C'est une espèce de pain sans levain, d'un goût un peu aigre, mais agréable et facile à digérer. On le fait avec du teff; il est de différentes couleurs , tantôt bis , tantôt très blanc. Dès que les convives sont assis , trois ou quatre domestiques s'avancent , portant chacun dans leurs mains un grand morceau de chair crue et saignante, qu'ils posent sur les gâteaux de teff qui servent à la fois de plat et de nappe. Tous les hommes tiennent à la main le même coutelas dont ils font usage à la guerre, et les femmes ont de mauvais petits couteaux , à peu près pareils à ces couteaux de deux sous qu'on fabrique à Birmingham.

» Les hommes coupent alors un morceau de viande , chacun de la grandeur des pièces de *beef-steak* anglaises , et l'on distingue encore facilement dans ces morceaux de viande le mouvement des fibres et des esprits vitaux. Les Abyssiniens d'une classe au-dessus du commun ne touchent jamais eux-mêmes à leur manger : les femmes prennent la viande, la coupent d'abord par aiguillettes de la grosseur du petit doigt, et ensuite en petits morceaux carrés, qu'elles couvrent de sel fossile et de poivre noir, de la même espèce que le poivre de Cayenne, et qu'elles enveloppent dans un morceau de pain de teff.

» Les hommes, ayant alors remis leurs coutelas dans leurs fourreaux , appuient leurs mains sur les genoux , se tiennent le corps penché , la tête avancée et la bouche ouverte comme des idiots , se tournant sans cesse du côté des mains qui leur présentent le morceau , et qui les empâtent si bien qu'ils courent grand risque d'être étouffés. C'est là une marque de grandeur ; celui qui avale les plus gros morceaux et qui fait le plus de bruit en les mâchant est regardé comme le mieux élevé et celui qui sait le mieux vivre. Aussi y a-t-il parmi eux un proverbe qui dit : « Les mendiants et les voleurs n'avalent que des petits morceaux sans faire de bruit. »

» Dès qu'un homme a expédié le morceau présenté, ce qui est ordinairement fort prompt, il se tourne du côté de l'autre, et va ainsi alternativement jusqu'à ce qu'il ait pris sa réfection. Il ne boit jamais qu'après avoir achevé de manger, et, avant de boire, il roule deux ou trois petits morceaux de viande pareils à ceux qu'on lui a servis, et il les présente des deux mains à ses deux voisines, qui ouvrent la bouche toutes deux à la fois; par ce moyen il leur marque sa reconnaissance.

» Cependant la malheureuse victime qu'on a déchirée et dévorée en partie saigne toujours, mais saigne peu, à la porte de ce barbare festin, parce que, tant qu'on peut enlever de la viande sans toucher aux os, on ne coupe point les cuisses ni aucune des parties où sont les artères. Mais enfin on en vient là, et bientôt après que l'animal a perdu tout son sang il devient si coriace que les cannibales sont obligés de lui arracher le reste de sa chair avec les dents, et de la dévorer comme de vrais chiens.

» Ceux qui ont dîné à table sont alors très animés, et puis tombent ivres-morts. » Nous ne pouvons reproduire ici les abominations qui succèdent à cette dégoûtante orgie. Pauvre peuple! Oh! est-il étonnant que des missionnaires se dévouent pour t'arracher à ces hideuses ombres de la mort!

FRANÇOIS LEVAILLANT.

Parmi les explorateurs de l'Afrique, Levaillant, né en 1753, dans la Guyane Hollandaise, doit occuper un des premiers rangs. Naturaliste distingué, il fut encore judicieux observateur, et la relation de ses voyages fourmille de détails à la fois instructifs et amusants. Jeune encore il manifesta un violent amour pour l'étude de l'histoire naturelle, et tous ses efforts tendirent à satisfaire cette passion, qui devait l'immortaliser. Quand après bien des traverses il lui fut enfin permis de se livrer à ses goûts favoris, il ne crut pouvoir choisir un théâtre plus favorable pour ses opérations que le sud de l'Afrique, ces contrées si riches en productions naturelles. Il s'embarqua donc le 19 décembre 1780, et, après trois mois dix jours de traversée, il mouilla dans la baie de la Table. Il resta dans ces parages à peu près quatre ans.

CHASSE CHEZ LES HOTTENTOTS.

Les Hottentots sont adonnés à la chasse, et ils y déploient beaucoup d'adresse. Indépendamment des piéges qu'ils tendent au gros gibier, ils le guettent, l'attaquent, le tirent avec leurs flèches empoisonnées, ou le tuent avec leurs zagaies. Ces deux armes sont les seules dont ils se servent. L'animal qu'une flèche a touché ne tarde pas à ressentir les effets du poison, qui lui coagule le sang. Il est plus d'une fois arrivé à un éléphant ainsi blessé d'aller tomber à vingt ou trente lieues de l'endroit où il avait reçu le coup mortel. Sitôt que l'animal a expiré, on se contente de couper toute la partie des chairs voisines de la plaie, qu'on regarde comme dangereuse; mais le reste ne se ressent en aucune manière des atteintes du poison. J'ai souvent mangé de ces viandes sans avoir éprouvé la plus légère incommodité; mais j'avoue que je n'aurais pas voulu courir les mêmes risques à l'égard des animaux chez qui le poison aurait séjourné quelque temps.

A la première inspection de leurs flèches, on ne soupçonnerait pas à quel point elles sont meurtrières. Elles n'ont ni la portée ni la longueur de celles dont les Caraïbes font usage en Amérique; mais leur petitesse même les rend d'autant plus dangereuses qu'il est impossible à l'œil de les apercevoir et de les suivre, et par conséquent de les éviter. La moindre blessure qu'elles font est toujours mortelle, si le poison touche le sang ou la chair déchirée. Le remède le plus sûr est la prompte amputation de la partie blessée, si c'est quelque membre; mais si la plaie est dans le corps, il faut périr.

Ces flèches sont faites de roseaux et très artistement travaillées. Elles n'ont guère que 50 centimètres ou tout au plus 67 de longueur, au lieu que celles des Caraïbes portent 2 mètres. On arrondit un petit os de 10 à 15 centimètres de long, et d'un diamètre moindre que celui du roseau; on l'implante dans ce roseau par l'un des bouts, mais sans le fixer. De cette manière, lorsque la flèche a pénétré dans un corps, on peut bien en retirer la baguette, mais le petit os ne vient point avec elle; il reste caché dans la plaie d'autant plus sûrement qu'il est encore armé d'un petit croché de fer placé sur son côté, de façon que par sa résistance et les nouvelles déchirures qu'il fait dans l'intérieur il rend inutiles tous les moyens que l'art voudrait imaginer pour le faire sortir. C'est ce même os qu'on enduit d'un poison qui a la fermeté du mastic, et à la pointe duquel on ajoute souvent encore un petit fer triangulaire et bien acéré, qui rend l'arme encore plus terrible.

Les arcs sont proportionnés aux flèches, et n'ont que 84 centimètres ou tout au plus 1 mètre de hauteur; la corde en est faite avec des boyaux.

LE COUCHER DU SOLEIL VU DU HAUT DE LA MONTAGNE DE LA TABLE.

Levaillant, après avoir décrit un orage dont il fut témoin sur le sommet de la Table, une des plus hautes montagnes du cap, rend ainsi compte du tableau opposé que lui offrit le déclin du jour :

« L'approche de la nuit vint me dédommager un peu de cette contrariété en m'offrant un tableau différent, il est vrai, et moins rare, mais plus sublime peut-être que cette grande tempête sur laquelle je m'étais avisé de compter : c'était le coucher du soleil dans l'Océan. On pourrait dire que c'était l'arrivée du maître de la nature aux bornes du monde. Je vis ce globe de feu se plonger et disparaître avec majesté dans les eaux. Quel ravissant spectacle il offrit à mes yeux étonnés, lorsque, rasant la surface des mers, il parut tout-à-coup en embraser l'abîme pour rejoindre, comme le dit Ossian, l'immense palais des ténèbres! A son approche, les flots élèvent leurs têtes agitées pour se dorer de sa lumière, leurs couleurs diamantées par ses rayons se dégradent insensiblement, et soudain ils s'abaissent lorsqu'il a disparu. Déjà l'Océan commençait à n'être plus éclairé, et l'immense rideau de nuages que j'avais à l'est reflétait encore ses feux dans leurs parties supérieures; leur masse totale représentait des montagnes de neige, et leur couronnement étalait une zone resplendissante de toutes les couleurs de l'arc-en-ciel. Ce spectacle ne dura qu'un instant; mais, à une distance de trente lieues vers le nord, les montagnes du Piquet, plus hautes encore que la Table, conservent pendant quelque temps la lumière sur leurs cimes majestueuses; elles se détachaient sur le fond pourpre et violâtre du ciel : on eût dit des fanaux destinés à éclairer l'Afrique intérieure pendant l'obscurité de la nuit. Que l'homme est petit à cette hauteur, et que ses passions sont misérables lorsqu'il se compare à l'immensité!

» Aux approches des ténèbres, les vautours avaient quitté la plaine et regagnaient les rochers, les bavians se retiraient dans leurs repaires, les petits oiseaux voltigeaient encore autour de moi; épars sur les arbustes et les buissons, ils célébraient par leurs concerts la fin d'un si beau jour. Leur chant mourut avec le crépuscule; l'obscurité livra la montagne aux oiseaux funèbres, et moi; triste et penseur, je rentrai dans ma canonnière, qu'on avait entourée d'un grand feu pour en éloigner les animaux malfaisants qui fuient la lumière. »

VOLNEY.

Doué d'une activité infatigable, Volney parcourut à pied l'Egypte et la Syrie, où il visita les pyramides et les ruines de Palmyre. Il publia, en 1781, le résultat de son voyage : nous lui empruntons seulement cette description d'Alexandrie et des Pyramides. Nous n'avons pas besoin de dire à nos lecteurs que Volney ne doit être lu qu'avec une méfiance extrême.

ALEXANDRIE. — LES PYRAMIDES.

Parmi les lieux propres à produire le double effet de la surprise et de l'admiration, il en est peu qui réunissent autant de moyens qu'Alexandrie en Egypte. Le nom de cette ville, qui rappelle le génie d'un homme si étonnant; le nom du pays, qui tient à tant de faits et d'idées; l'aspect du lieu, qui présente un tableau si pittoresque; ces palmiers qui s'élèvent en parasol; ces maisons à terrasse qui semblent dépourvues de toit; ces flèches grêles des minarets qui portent une balustrade dans les airs, tout avertit le voyageur qu'il est dans un autre monde. Descend-il à terre, une foule d'objets inconnus l'assaille par tous ses sens: c'est une langue dont les sons barbares et l'accent âcre et guttural effraient son oreille; ce sont des habillements d'une forme bizarre, des figures d'un caractère étrange. Au lieu de nos visages nus, de nos têtes enflées de cheveux, de nos coiffures triangulaires et de nos habits courts et serrés, il regarde avec surprise ces visages brûlés, armés de barbe et de moustaches; cet amas d'étoffe roulée en plis sur une tête rase; ce long vêtement qui, tombant du cou aux talons, voile le corps plutôt qu'il ne l'habille; et ces pipes de six pieds, et ces longs chapelets dont toutes les mains sont garnies, et ces hideux chameaux qui portent l'eau dans des sacs de cuir, et ces ânes sellés et bridés qui transportent légèrement leur cavalier en pantoufles, et ce marché mal fourni de dattes et de petits pains ronds et plats, et cette foule immonde de chiens errants dans les rues, et ces espèces de fantômes ambulants qui, sous une draperie d'une seule pièce, ne montrent d'humain que deux yeux de femme. Dans ce tumulte, tout entier à ses sens, son esprit est nul pour la réflexion; ce n'est qu'après être arrivé au gîte, si désiré quand on vient de la mer, que, devenu plus calme, il considère avec réflexion ces rues étroites et sans pavé, ces maisons basses dont les jours rares sont masqués de treillages, ce peuple maigre et noirâtre qui marche nu-pieds et n'a pour tout vêtement qu'une chemise bleue, ceinte d'un cuir ou d'un mouchoir rouge. Déjà l'air de misère qu'il voit sur les hommes et le mystère qui enveloppe les maisons lui font soupçonner la rapacité de la tyrannie et la défiance de l'esclavage. Mais un spectacle qui bientôt attire toute son attention, ce sont les vastes ruines qu'il aperçoit du côté de la terre. Dans nos contrées, les ruines sont un objet de curiosité; à peine trouve-t-on, aux lieux écartés, quelque vieux château dont le délabrement annonce plutôt la désertion du maître que la misère du lieu. Dans Alexandrie, au contraire, à peine sort-on de la ville neuve, dans le continent, que l'on est frappé de l'aspect d'un vaste terrain tout couvert de ruines. Pendant deux heures de marche on suit une double ligne de murs et de tours qui formaient l'enceinte de l'ancienne Alexandrie. La terre est couverte des débris de leurs sommets; des pans entiers sont écroulés, les voûtes enfoncées, les créneaux dégradés, et les pierres rongées et défigurées par le salpêtre. On parcourt un vaste intérieur sillonné de fouilles, percé de puits, distribué par des murs à demi enfouis, semé de quelques colonnes anciennes, de tombeaux modernes, de palmiers, de nopals, et où l'on ne trouve de vivants que des chacals, des éperviers et des hiboux. Les habitants, accoutumés à ce spectacle, n'en reçoivent aucune impression; mais l'étranger, en qui les souvenirs qu'il rappelle s'exaltent par l'effet de la nouveauté, éprouve une émotion qui souvent passe jusqu'aux larmes, et qui donne lieu à des réflexions dont la tristesse attache autant le cœur que leur majesté élève l'âme.

Une autre merveille de l'Egypte ce sont les pyramides. La main du temps, et plus encore celle des hommes, qui ont ravagé tous les monuments de l'antiquité, n'ont rien pu jusqu'ici contre les pyramides. La solidité de leur construction et l'énormité de leur masse les ont garanties de toute atteinte, et semblent leur assurer une durée éternelle. Les voyageurs en parlent tous avec enthousiasme, et cet enthousiasme n'est point exagéré. L'on commence à voir ces montagnes factices dix lieues avant d'y arriver; elles semblent s'éloigner à mesure qu'on s'en approche. On en est encore à une lieue, et déjà elles dominent tellement sur la terre, qu'on croit être à leur pied; enfin l'on y touche, et rien ne peut exprimer la variété des sensations qu'on y éprouve : la hauteur de leur sommet, la rapidité de leur pente, l'ampleur de leur surface, le poids de leur assiette, la mémoire des temps qu'elles rappellent, le calcul du travail qu'elles ont coûté, l'idée que ces immenses roches sont l'ouvrage de l'homme, si petit et si faible, qui rampe à leurs pieds, tout saisit à la fois le cœur et l'esprit d'étonnement, de terreur, d'humiliation, de respect.

MŒURS ET USAGES DES ARABES BÉDOUINS.

Parmi les races nombreuses qui peuplent la Syrie, nous parlerons seulement des Bédouins, dont la nature, par les circonstances dans lesquelles elle les a placés, a fait une race d'hommes aussi singuliers au moral qu'au physique. Cette singularité est si tranchante que leurs voisins, les Syriens mêmes, les regardent comme des hommes extraordinaires. Cette opinion a lieu surtout pour les tribus du fond du désert, qui ne s'approchent jamais des villes. Lorsque, du temps de Dâher, il en vint des cavaliers jusqu'à Acre, ils y firent la même sensation que feraient parmi nous des sauvages de l'Amérique. On considérait avec surprise ces hommes, plus petits, plus maigres et plus noirs qu'aucuns Bédouins connus; leurs jambes sèches n'avaient que des tendons sans mollets; leur ventre était collé à leur dos; leurs cheveux étaient crépés presque autant que ceux des nègres. De leur côté, tout les étonnait; ils ne concevaient ni comment les maisons et les minarets pouvaient se tenir debout, ni comment on osait habiter dessous et toujours au même endroit; mais surtout ils s'extasiaient à la vue de la mer, et ils ne pouvaient comprendre ce *désert d'eau*. On leur parla de mosquées, de prières, d'ablutions, et ils demandèrent ce que cela signifiait, ce que c'était que Moïse, Jésus-Christ et Mahomet, et pourquoi les habitants, n'étant pas de tribus séparées, suivaient des chefs opposés.

On sent que les Arabes des frontières ne sont pas si novices; il en est même plusieurs petites tribus qui, vivant au sein du pays, comme dans la vallée de *Begââ*, dans celle du Jourdain et dans la Palestine, se rapprochent de la condition des paysans; mais ceux-là sont méprisés des autres, qui les regardent comme des *Arabes bâtards* et des *rayas* ou *esclaves des Turcs*.

En général les Bédouins sont petits, maigres et hâlés, plus cependant au sein du désert, moins sur la frontière du pays cultivé; mais là même toujours plus que les laboureurs du voisinage. Un même camp offre aussi cette différence, et j'ai remarqué que les *chaiks*, c'est-à-dire les riches, et leurs serviteurs, étaient toujours plus grands et plus charnus que le peuple. J'en ai vu qui passaient 1 mètre 84 centimètres, pendant que la taille générale n'est que de 1 mètre 70 centimètres. On n'en doit attribuer la raison qu'à la nourriture, qui est plus abondante pour la première classe que pour la dernière. On peut même dire que le commun des Bédouins vit dans une misère et une famine habituelles. Il paraîtra peu croyable parmi nous, mais il n'en est pas moins vrai, que la somme ordinaire des aliments de la plupart d'entre eux ne passe pas six onces par jour. C'est surtout chez les tribus du Nadji et de l'Hedjâz que l'abstinence est portée à son comble : six ou sept dattes trempées dans du beurre fondu, quelque peu de lait doux ou caillé, suffisent à la journée d'un homme ; il se croit heureux s'il y joint quelques pincées de farine grossière ou une boulette de riz. La chair est réservée aux plus grands jours de fête, et ce n'est que pour un mariage ou une mort que l'on tue un chevreau. Ce n'est qu'aux chaiks riches et généreux qu'il appartient d'égorger de jeunes chameaux, de manger du riz cuit avec la viande. Dans sa disette, le vulgaire, toujours affamé, ne dédaigne pas les plus vils aliments ; de là l'usage où sont les Bédouins de manger des sauterelles, des rats, des lézards et des serpents grillés sur des broussailles ; de là leurs rapines dans les champs cultivés et leurs vols sur les chemins ; de là aussi leur construction délicate et leur corps petit et maigre, plutôt agile que vigoureux.

LE CHAMEAU.

Tout le monde sait combien le chameau est utile à l'Arabe ; aussi sommes-nous heureux d'avoir à emprunter la description de ce quadrupède à Napoléon lui-même. Quel naturaliste l'a peint sous d'aussi vives couleurs ? Ce n'est pas le style de Buffon, mais celui de l'homme qui, par un mot, rendait une pensée.

« Le chameau est l'image du désert : grand, maigre, difforme, monotone, patient, mais d'un caractère sauvage et méchant quand il est poussé à bout. Il se nourrit d'absinthe et de plantes épineuses. Une livre de cette nourriture par jour, ou autant de fèves, d'orge ou de noyaux de dattes, et une livre d'eau, lui suffisent. Il reste quatre ou cinq jours sans manger. Son lait, son fromage, sa chair, nourrissent l'Arabe; son crin, sa peau, l'habillent et forment ses tentes. Le chameau est une bête de somme; il n'est pas bâti pour traîner; il porte autant que trois chevaux; c'est le navire du désert. Chargé à son pas naturel, il fait 3,700 mètres par heure, il marche dix-huit heures avec le repos d'une heure. L'Arabe le loue au commerce et à l'agriculture. Il en vend, car il en élève beaucoup plus qu'il ne lui en faut. Né pour le désert, cet animal y prospère et s'y accroit en grand nombre. Avec le gain du travail du chameau, l'Arabe se procure le blé, l'orge, les habits et les armes dont il a besoin. Une tribu de 15 à 20,000 personnes a souvent 15 à 20,000 chameaux. »

LES TRAPPISTES ET LES ESCLAVES.

Dans cette partie de notre ouvrage nous avons souvent parlé des nègres et de leur esclavage. Nos lecteurs ne liront-ils pas avec bonheur ces lignes extraites de la Gazette de Flandre?

« Deux Pères Trappistes de La Melleraye sont en ce moment à Lille, où ils sont venus dans le dessein d'étudier les méthodes de culture et d'assolement dans le Nord. Voici à quelle occasion a lieu cette espèce d'inspection : Le gouvernement a reconnu le danger de procéder à l'émancipation des nègres aux colonies avant d'avoir fait acquérir aux esclaves la juste notion de la liberté au sein de la civilisation. Dans l'état actuel de quasi-barbarie où se trouvent les nègres, la liberté n'est pour eux que le droit de vivre dans l'oisiveté : or, l'oisiveté et la faim sont de cruelles conseillères pour ces natures bouillantes, exaltées par le soleil des tropiques. L'émancipation immédiate et sans préparation entraînerait nécessairement pour nos colonies des catastrophes analogues à celles qui ont désolé Saint-Domingue. La réhabilitation des esclaves doit être précédée, à leurs yeux, de celle du travail. Aux colonies, le travail n'est guère pratiqué que par les nègres, sous la menace incessante du bâton des commandeurs. Il faut donc leur offrir l'exemple du travail par les blancs, du travail libre, accepté, sanctifié, du travail chrétien, par conséquent civilisateur. Cette nécessité, que l'expérience démontre, a déterminé le gouvernement à réclamer le concours de la congrégation catholique la plus apte à cette belle mission de régénération par le travail. Il a offert au supérieur général des Trappistes la concession de l'une de ses exploitations domaniales de la Martinique, et cette offre a été acceptée avec le dévouement et l'abnégation qui sont la vie de cette sainte congrégation. Elle n'a pas reculé devant les périls et les fatigues du climat, qui sera meurtrier pour beaucoup de ses membres ; devant les difficultés d'un travail tout nouveau pour elle ; surtout devant celles bien plus grandes de l'instruction et de la moralisation des nègres qui lui sont confiés. La propagation de la religion et le bien de l'humanité ont effacé tous ces obstacles. Elle a accepté la charge de cette belle œuvre. Le champ est vaste et l'expérience sera concluante : l'exploitation, qui lui est remise s'étend sur environ 450 hectares, et possède 400 nègres esclaves. C'est donc pour s'approprier tous les perfectionnements actuels de l'agriculture que les deux Pères Trappistes explorent en ce moment le Nord, afin de transporter à la Martinique ceux dont l'application leur fera sentir les avantages. Nous ne pouvons qu'applaudir à cette expérience, qui prouvera une fois de plus que c'est le catholicisme, et le catholicisme seul qui, après avoir donné la vraie civilisation, la vraie liberté au monde, est capable de restituer la civilisation et la liberté partout où elles ont disparu, quels que soient les hommes et le climat, parce que le catholicisme est de tous les temps et de tous les lieux, et qu'il est la véritable loi sociale de l'humanité. »

VOYAGES

AUTOUR DU MONDE.

MAGELLAN.

BALBOA, en 1513, avait aperçu, du sommet des montagnes de Panama, un immense océan, jusqu'alors ignoré. Cette découverte faisait grand bruit dans toute l'Europe, et l'ambition des conquérants était puissamment excitée. Mais par quel chemin pénétrer dans ces mers inconnues! Communiquaient-elles avec l'océan Atlantique! Ces questions occupaient tous les savants, et plusieurs années s'écoulèrent sans que personne se présentât pour tenter de les résoudre. Enfin l'amour des richesses fit ce que n'avait pu faire l'amour de la science; l'envie de participer aux riches productions des Moluques amena la découverte du passage qui conduisait par l'ouest à cet archipel, auquel jusqu'alors on n'allait que par l'est.

Magellan, gentilhomme portugais, d'une force de caractère et d'un courage à toute épreuve, avait fait plusieurs voyages dans les Indes, et servi avec distinction sous les ordres du célèbre Albuquerque. Passé au service de Charles-Quint, il découvrit le détroit auquel il a donné son nom, puis les îles des Larrons, les Mariannes, les Philippines. Ce fut dans ces dernières qu'il fut tué d'un coup de lance en combattant pour un roi son allié. Nous lui empruntons quelques observations.

LES BRÉSILIENS.

La terre du Brésil, qui abonde en toutes sortes de denrées, est aussi étendue que l'Espagne, la France et l'Italie ensemble : elle appartient au roi de Portugal.

» Les Brésiliens ne sont pas chrétiens; mais ils ne sont pas non plus idolâtres, car ils n'adorent rien : l'instinct naturel est leur unique loi. Ils vivent très longtemps, car les vieillards parviennent ordinairement jusqu'à cent vingt ans, et quelquefois jusqu'à cent quarante. Ils vont nus, les femmes aussi bien que les hommes. Leurs habitations sont de longues cabanes qu'ils nomment *boï*, et ils se couchent sur des filets de coton appelés hamacs, attachés par les deux bouts à de grosses poutres ; leur foyer est par terre. Un de ces boïs contient quelquefois jusqu'à cent hommes avec leurs femmes et leurs enfants ; il y a par conséquent toujours beaucoup de bruit. Leurs barques, qu'ils appellent pirogues, sont formées d'un tronc d'arbre creusé au moyen d'une pierre tranchante, car les pierres leur tiennent lieu de fer, dont ils manquent. Ces arbres sont si grands qu'un seul canot peut contenir jusqu'à trente et même quarante hommes, qui voguent avec des avirons semblables aux pelles de nos boulangers. A les voir si noirs, tout nus, sales et chauves, on les aurait pris pour les matelots du Styx.

» Les hommes et les femmes sont bien bâtis, et conformés comme nous. Ils mangent quelquefois de la chair humaine, mais seulement celle de leurs ennemis. Ce n'est ni par besoin ni par goût qu'ils s'en nourrissent, mais par un usage qui, à ce qu'ils nous dirent, s'est introduit chez eux.

» Les Brésiliens se peignent le corps, et surtout le visage, d'une étrange manière et de différentes façons, les femmes aussi bien que les hommes. Ils ont les cheveux courts et laineux. Ils ont une espèce de veste faite de plumes de perroquets tissues ensemble, et arrangées de façon que les grandes pennes des ailes et de la queue leur forment un cercle sur les reins, ce qui leur donne une figure bizarre et ridicule. Presque tous les hommes ont la lèvre inférieure percée de trois trous, par lesquels ils passent de petits cylindres de pierre longs de 8 centimètres. Les femmes et les enfants n'ont point cet ornement incommode. Leur couleur est plutôt olivâtre que noire. Leur roi porte le nom de cacique.

» On trouve dans ce pays un nombre infini de perroquets, de manière qu'on nous en donnait huit ou dix pour un petit miroir. Ils ont aussi de très beaux chats maimons jaunes, semblables à de petits lions.

» Ils mangent une espèce de pain rond et blanc, mais que nous ne trouvions pas de notre goût, fait avec la moelle ou plutôt l'aubier qu'on trouve entre l'écorce et le bois d'un certain arbre, et qui a quelque ressemblance avec du lait caillé. »

NAVIGATION DE MAGELLAN DANS LE GRAND-OCÉAN.

» Nous naviguâmes dans cette mer pendant trois mois et vingt jours, dit-il, sans goûter d'aucune nourriture fraîche. Le biscuit que nous mangions n'était plus du pain, mais une poussière mêlée de vers qui en en avaient dévoré toute la substance, et qui, de plus, était d'une puanteur insupportable, étant imprégné d'urine de souris. L'eau que nous étions obligés de boire était également putride et puante. Nous fûmes même contraints, pour ne pas mourir de faim, de manger des morceaux de cuirs de bœuf qui couvraient la grande vergue. Ces cuirs, toujours exposés à l'eau, au soleil et aux vents, étaient si durs qu'il fallait les faire tremper pendant quatre ou cinq jours dans la mer pour les manger. Souvent même nous avons été réduits à nous nourrir de sciure de bois, et les souris mêmes, si dégoûtantes pour l'homme, étaient devenues un mets si recherché qu'on les payait jusqu'à un demi-ducat la pièce.

» Ce n'était pas là tout encore. Notre plus grand malheur était de nous voir attaqués d'une espèce de maladie par laquelle les gencives se gonflaient au point de surmonter les dents, et ceux qui en étaient attaqués ne pouvaient prendre aucune nourriture. Dix-neuf hommes en moururent, et, parmi eux, un géant Patagon et un Brésilien que nous avions conduits avec nous. Outre les morts, nous avions vingt-cinq à trente matelots malades, qui souffraient des douleurs dans les bras, dans les jambes et dans quelques autres parties du corps; mais ils en guérirent. Quant à moi, je ne puis trop remercier Dieu de ce que, pendant tout ce temps, et au milieu de tant de malades, je n'ai pas éprouvé la moindre infirmité.

» Pendant cet espace de trois mois et vingt jours nous parcourûmes à peu près quatre mille lieues dans cette mer, que nous appelâmes Pacifique, parce que, durant tout le temps de notre traversée, nous n'essuyâmes pas la moindre tempête. Nous ne découvrîmes non plus pendant ce temps aucune terre, excepté deux îles désertes où nous ne trouvâmes que des oiseaux et des arbres, et par cette raison nous les nommâmes les îles Infortunées. Nous ne trouvâmes point de fond le long de leurs côtes, et n'y vimes que beaucoup de requins. Elles sont à deux cents lieues l'une de l'autre. D'après le sillage de notre vaisseau, que nous prîmes par le moyen de la chaîne de la poupe (ligne de loch), nous parcourions 60 à 70 lieues, et, si Dieu et sa sainte Mère ne nous eussent pas accordé une heureuse navigation, nous aurions tous péri de faim dans une si vaste mer. Je ne pense pas que personne à l'avenir veuille entreprendre un pareil voyage. »

IDOLES DE L'ILE DE ZÉBU.

Les idoles de ce pays sont de bois, creuses par derrière. Elles ont les bras et les jambes écartés, et les pieds tournés en haut. Leur face est large; il leur sort de la bouche quatre grosses dents semblables à des défenses de sanglier. Elles sont généralement peintes. Une des plus singulières cérémonies de ces insulaires est la bénédiction du cochon. On commence la cérémonie par battre de quatre grandes timbales; on apporte ensuite trois grands plats, deux chargés de poisson rôti, de gâteaux de riz et de millet cuit, enveloppés dans des feuilles. Sur le troisième sont des linceuls de toile de Cambaie, et deux bandes de toile de palmier. Deux vieilles femmes, dont chacune tient à la main une grande trompette de roseau, se placent sur un des linceuls que l'on a étendus à terre, saluent le soleil, et s'enveloppent des autres toiles. La première de ces deux vieilles se couvre la tête d'un mouchoir, et le lie sur son front de manière à y former deux cornes; et, prenant un autre mouchoir à la main, elle danse et sonne en même temps de la trompette, en invoquant de temps en temps le soleil. L'autre vieille prend une des bandes de toile de palmier, jette le mouchoir qu'elle tenait à la main, et toutes deux dansent longtemps autour du cochon lié et couché par terre. Cependant la première continue à parler d'une voix basse au soleil, et l'autre lui répond. On présente ensuite une tasse de vin à la première. Elle la prend, sans cesser de danser et de s'adresser au soleil, l'approche quatre ou cinq fois de sa bouche en feignant de vouloir boire ; mais elle verse la liqueur sur le corps du cochon, et rend la tasse. On lui donne une lance qu'elle agite, toujours en dansant et parlant, et la dirige plusieurs fois contre le cœur du cochon, qu'elle perce à la fin d'outre en outre, d'un coup prompt et bien mesuré. Aussitôt qu'elle a retiré la lance de la blessure, on la ferme et on la panse avec des herbes salutaires. Durant toute cette cérémonie brûle un flambeau que la vieille, après avoir tué le cochon, prend et met dans sa bouche pour l'éteindre. L'autre vieille trempe dans le sang du cochon le bout de sa trompette, et en touche le front des assistants, en commençant par celui de son mari ; mais elle ne vint pas à nous. Les deux vieilles se déshabillent, mangent ce qui se trouve sur les deux premiers plats, et invitent les femmes à prendre part au festin. On épile ensuite le cochon au feu. Jamais on ne mange de cet animal qu'il n'ait été purifié auparavant de cette manière. Les vieilles femmes seules peuvent accomplir cette cérémonie.

BYRON.

GEORGES III, ayant formé le projet d'envoyer ses vaisseaux à la découverte des terres inconnues, confia le commandement de l'expédition au commodore BYRON, qui avait déjà parcouru l'océan Atlantique avec l'escadre d'Anson.

Le préambule des instructions remises à Byron était ainsi conçu : « Comme il y a lieu de croire qu'on peut trouver dans la mer Atlantique, entre le cap de Bonne-Espérance et le détroit de Magellan, des terres et des îles fort considérables, inconnues jusqu'ici, et situées dans des latitudes commodes pour la navigation, et dans des climats propres à la production des différentes denrées utiles au commerce; enfin, comme différentes îles situées dans l'espace qu'on vient de désigner n'ont pas encore été examinées avec assez de soin pour qu'on puisse avoir une idée exacte de leurs côtes et de leurs productions, quoiqu'elles aient été découvertes et visitées par des navigateurs anglais, le roi, ayant égard à ces considérations, et n'imaginant aucune conjoncture aussi favorable à une entreprise de ce genre que l'état de paix profonde dont jouissent heureusement ses royaumes, a jugé à propos de la mettre à exécution, etc. »

L'expédition, composée de deux bâtiments, *le Dauphin* et *la Tamar*, partit des Dunes le 21 juin 1764. Byron toucha à *Madère*, aux îles du *Cap-Vert*, alla mouiller dans la rivière de *Rio Janeiro*, et découvrit l'île du *Désappointement* et les îles du *Roi-Georges*, puis celles du *Danger* et de *Byron*.

COLOSSE EFFRAYANT. — HABITANTS DE LA COTE DES PATAGONS.

« J'allai seul, dit-il, auprès des Indiens ; mais les voyant se retirer à mesure que j'approchais, je leur fis signe que l'un d'eux devait s'avancer. Ce signe fut entendu, et aussitôt un Patagon, que nous prîmes pour un des chefs, se détacha pour venir à ma rencontre. Il était d'une taille gigantesque, et semblait réaliser les contes des monstres à forme humaine. La peau d'un animal sauvage, d'une forme approchant des manteaux des montagnards écossais, lui couvrait les épaules. Il avait le corps peint de la manière du monde la plus hideuse ; l'un de ses yeux était entouré d'un cercle noir, l'autre d'un cercle blanc ; le reste du visage était bizarrement sillonné par des lignes de diverses couleurs. Je ne le mesurai point ; mais si je puis juger de sa hauteur par comparaison de sa taille à la mienne, il n'était guère au-dessous de sept pieds.

« A l'instant où ce colosse effrayant me joignit, nous prononçâmes l'un et l'autre quelques paroles en forme de salut, et j'allai avec lui trouver ses compagnons, à qui je fis signe de s'asseoir au moment de les aborder, et tous eurent cette complaisance. Il y avait parmi eux plusieurs femmes d'une taille proportionnée à celle des hommes, qui étaient presque tous d'une stature égale de celle du chef qui était venu au-devant de moi. Le son de plusieurs voix réunies avait frappé mes oreilles dans l'éloignement, et lorsque j'approchai je vis un certain nombre de vieillards qui, d'un air grave, chantaient d'un air si plaintif que j'imaginai qu'ils célébraient quelque acte de religion. Ils étaient tous peints et vêtus à peu près de la même manière.

» Les cercles peints autour des yeux variaient pour la couleur : les uns les avaient blancs et rouges, les autres rouges et noirs. Leurs dents, qui ont la blancheur de l'ivoire, sont unies et bien rangées. La plupart étaient nus, à l'exception d'une peau jetée sur les épaules, le poil en dedans ; quelques-uns portaient aussi des bottines ayant à chaque talon une petite cheville de bois qui leur sert d'éperon. Je considérais avec étonnement cette troupe d'hommes extraordinaires, dont le nombre s'accrut encore de plusieurs autres qui arrivèrent au galop, et que je ne réussis qu'avec peine à faire asseoir à côté de leurs compagnons. Je leur distribuai des grains de verroterie jaunes et blancs, qu'ils parurent recevoir avec un extrême plaisir. Je leur montrai ensuite une pièce de ruban vert ; j'en fis prendre le bout à l'un d'entre eux, et je la développai dans toute sa longueur, en la faisant tenir par chacun de ceux qui se trouvaient placés de suite. Tous restèrent tranquillement assis. Aucun de ceux qui tendaient ce ruban ne tenta de l'arracher des mains des autres, quoiqu'il parût leur faire plus de plaisir encore que les grains de verroterie. Tandis qu'ils tenaient ce ruban tendu, je le coupai par portions à peu près égales, de sorte qu'il en resta à chacun la valeur d'environ trois pieds ; je la leur nouai ensuite autour de la tête, et ils la gardèrent sans y toucher aussi longtemps que je fus avec eux.

» Une conduite si paisible et si docile leur fait, en cette occasion, d'autant plus d'honneur que mes présents ne pouvaient s'étendre à tous. Cependant, ni l'impatience de partager ces brillantes bagatelles, ni la curiosité de me considérer de plus près, ne purent les porter à quitter la place que je leur avais assignée.

» Il serait naturel à ceux qui ont lu les fables de Gay, s'ils se forment une idée d'un Indien presque nu, qui, paré de colifichets d'Europe, revient trouver ses compagnons dans les bois, de se rappeler le singe qui avait vu le monde. Cependant, avant de mépriser leur penchant pour des morceaux de verre, des colliers de verroterie, des rubans et d'autres bagatelles dont nous ne faisons aucun cas, nous devrions considérer que les ornements des sauvages sont au fond les mêmes que ceux des nations civilisées, et qu'aux yeux de ceux qui vivent presque dans l'état de nature la différence du verre au diamant est pour ainsi dire nulle ; d'où il suit que la valeur que nous attachons au diamant est plus arbitraire que celle que les sauvages mettent au verre. »

WALLIS.

LE capitaine SAMUEL WALLIS fut envoyé, en 1766, par l'Angleterre, pour tenter de nouvelles découvertes dans l'hémisphère austral. Il partit de Plymouth le 22 août 1766 avec trois bâtiments, LE DOLPHIN, LE SWALLOW et LE PRINCE-FRÉDÉRIC. Le 16 décembre, il mouilla dans une baie en dedans du cap des Vierges, à l'entrée orientale du détroit de Magellan. Il découvrit les îles de la PENTECÔTE, de la REINE-CHARLOTTE, D'EGMONT, D'OSNABRUK et de TAÏTI, qui a pour reine, en ce moment, la célèbre Pomaré, dont le nom a retenti plus d'une fois dans les tribunes de France et d'Angleterre.

10

DANGER DE WALLIS CHEZ LES TAITIENS.

« La supériorité de nos armes, dit-il, pouvait seule nous assurer l'avantage sur la multitude qui nous assaillait sans motif, car une grande partie de mon équipage était malade et faible. J'ordonnai de faire feu sur les Indiens. La décharge jeta d'abord du désordre parmi eux ; mais bientôt ils revinrent à la charge. Il fallut faire jouer de nouveau notre mousqueterie et nos pièces d'artillerie; deux de celles-ci furent surtout dirigées contre un endroit du rivage où je voyais un grand nombre de pirogues occupées à embarquer des hommes, et venant vers le vaisseau en toute hâte. Quand l'artillerie commença à résonner, il n'y avait pas moins de trois cents pirogues autour du vaisseau, montées par plus de deux mille hommes, et de nouveaux renforts arrivaient continuellement de tous les côtés.

» Notre feu écarta bientôt les Indiens qui étaient près du vaisseau, et arrêta ceux qui se disposaient à venir sur nous. Aussitôt que je vis une partie de nos ennemis faire retraite, et les autres se tenir paisibles, je fis cesser le feu, espérant qu'ils seraient assez convaincus de la supériorité de nos armes pour ne pas renouveler leur attaque. J'étais malheureusement dans l'erreur. Un gros de pirogues dispersées se réunit de nouveau, resta quelque temps à considérer le vaisseau à un quart de mille de distance, puis, élevant tout-à-coup des pavillons blancs, s'avança vers l'arrière du bâtiment. Les pierres lancées par des frondes, avec beaucoup de force et d'adresse, recommencèrent en même temps à pleuvoir sur nous. Chacune de ces pierres pesait environ deux livres. Plusieurs blessèrent mes matelots, qui en auraient souffert bien davantage sans une toile étendue au-dessus du pont pour nous défendre des ardeurs du soleil, et sans notre bastingage.

» D'autres pirogues se portèrent cependant vers l'avant du vaisseau, ayant probablement remarqué qu'on n'avait pas fait feu de cette partie. J'y fis porter sur-le-champ des pièces. Parmi les pirogues qui nous attaquaient de ce côté, j'en remarquai une où se trouvait probablement un chef, car le signal qui avait rassemblé les Indiens en était parti. Un boulet sépara cette pirogue en deux. A l'instant les autres se dispersèrent avec tant de promptitude qu'en une demi-heure il n'en resta pas une seule en vue, et que la foule innombrable qui couvrait le rivage s'enfuit avec la plus grande précipitation vers des collines. »

» Alors, ne craignant plus d'être inquiété de nouveau, on toua le vaisseau dans la baie. Le 24, vers midi, il y mouilla, et fut placé de manière qu'il protégeait l'endroit où l'on devait faire de l'eau.

» L'on prit possession de l'île, qui fut nommée île du Roi-Georges III. Ce nom n'a pas prévalu; la géographie a conservé celui de *Taïti*, ou *O-Taïti*, avec l'article.

PORTRAIT. — HABILLEMENT DES TAITIENS.

» Les Taïtiens sont grands, bien faits, agiles, dispos, et d'une figure agréable. La taille des hommes est en général de 1 mètre 87 à 95 centimètres, et il y en a peu qui soient plus petits ou d'une taille plus haute. Celle des femmes est de 1 mètre 83 centimètres. Le teint des hommes est basané, et ceux qui vont sur l'eau l'ont beaucoup plus bronzé que ceux qui vivent toujours à terre. Leurs cheveux sont ordinairement noirs, mais quelquefois bruns, rouges ou blonds; ce qui est digne de remarque, parce que les cheveux de tous les naturels des climats chauds d'Asie, d'Afrique et d'Amérique sont noirs sans exception. Ils les nouent en une seule touffe sur le milieu de la tête, ou en deux touffes, une de chaque côté. D'autres pourtant les laissent flottants, et alors ils bouclent avec beaucoup de raideur. Les enfants des deux sexes les ont ordinairement blonds. Leurs cheveux sont arrangés très proprement, quoiqu'ils ne connaissent point l'usage des peignes; ceux à qui nous en avions donné savaient très bien s'en servir. C'est un usage universel parmi eux de s'oindre la tête avec de l'huile de coco, dans laquelle ils infusent la poudre d'une racine qui a une odeur approchante de celle de la rose.

» L'habillement des hommes et des femmes est de bonne grâce, et leur sied bien ; il est fait d'une espèce d'étoffe blanche que leur fournit l'écorce d'un arbuste, et qui ressemble beaucoup au gros papier de la Chine. Deux pièces de cette étoffe forment leur vêtement : l'une, qui a un trou au milieu pour y passer la tête, pend depuis les épaules jusqu'à mi-jambe devant et derrière ; l'autre a 4 ou 5 mètres de longueur, et à peu près 1 de largeur ; ils l'enveloppent autour de leur corps sans la serrer. Cette étoffe n'est point tissue ; elle est fabriquée comme le papier, avec des fibres ligneuses d'une écorce intérieure qu'on a mise en macération, et qu'on a ensuite étendues et battues les unes sur les autres. Les plumes, les fleurs, les coquillages et les perles font partie de leurs ornements et de leur parure ; ce sont les femmes surtout qui portent les perles.

» Je remarquai que c'est ici un usage universel parmi les hommes et les femmes de se peindre la peau avec la dent d'un instrument assez ressemblant à un peigne, et ils mettent dans les trous une espèce de pâte composée d'huile et de suie qui laisse une tache ineffaçable. Les petits garçons et les petites filles au-dessous de douze ans ne portent point ces marques. Nous vîmes quelques hommes dont les jambes étaient peintes en échiquier de la même manière, et il nous parut qu'ils avaient un rang distingué et une autorité sur les autres insulaires. »

BOUGAINVILLE.

Dans le mois de février 1764, la France avait commencé un établissement aux îles Malouines. L'Espagne le revendiqua comme une dépendance du continent de l'Amérique méridionale, et, son droit ayant été reconnu par le roi de France, Bougainville, alors capitaine de vaisseau, reçut ordre d'aller remettre cet établissement aux Espagnols, et de se rendre ensuite aux Indes orientales en traversant le Grand-Océan entre les tropiques. Il partit de Nantes le 15 novembre 1766, et alla mouiller, le 31 janvier 1767, dans la rivière de la Plata, où il joignit des frégates espagnoles avec lesquelles il se rendit aux îles Malouines, et s'acquitta de sa commission. Des Malouines, Bougainville retourna au Brésil, et passa dans le Grand-Océan par le détroit de Magellan; puis, après avoir navigué au milieu d'un groupe d'îles qu'il nomma l'archipel Dangereux, il aborda à Taïti; puis il traversa l'archipel des Navigateurs, enfin la Louisiane, ainsi que l'île et le détroit qui portent son nom.

L'ENFANT MALADE ET LE JONGLEUR CHEZ LES PÉCHERAIS.

« Un de leurs enfants, dit-il, âgé d'environ douze ans, le seul de toute la bande dont la figure fût intéressante à nos yeux, fut saisi tout-à-coup d'un crachement de sang, accompagné de violentes convulsions. Le malheureux avait été à bord de *l'Etoile*, où on lui avait donné des morceaux de verre et de glace, ne prévoyant pas le funeste effet qui devait suivre ce présent. Ces sauvages ont l'habitude de s'enfoncer dans la gorge et dans les narines de petits morceaux de talc : peut-être la superstition attache-t-elle chez eux quelque vertu à cette espèce de talisman; peut-être le regardent-ils comme un préservatif à quelque incommodité à laquelle ils sont sujets. L'enfant avait vraisemblablement fait le même usage du verre. Il avait les lèvres, les gencives et le palais coupés en plusieurs endroits, et rendait le sang presque continuellement.

» Cet accident répandit la consternation et la méfiance. Ils nous soupçonnèrent sans doute de quelque maléfice, car la première action du jongleur, qui s'empara aussitôt de l'enfant, fut de le dépouiller précipitamment d'une casaque de toile qu'on lui avait donnée. Il voulu la rendre aux Français, et, sur le refus qu'on fit de la reprendre, il la jeta à leurs pieds. Il est vrai qu'un autre sauvage, qui sans doute aimait plus les vêtements qu'il ne craignait les enchantements, la ramassa aussitôt.

» Le jongleur étendit d'abord l'enfant sur le dos, dans une des cabanes, et, s'étant mis à genoux entre ses jambes, il se courbait sur lui, et avec la tête et les deux mains il lui pressait le ventre de toute sa force, criant continuellement, sans qu'on pût distinguer rien d'articulé dans ses cris. De temps en temps il se levait, et paraissait tenir le mal dans ses mains jointes. Il les ouvrait tout d'un coup en l'air, en soufflant comme s'il eût voulu chasser quelque mauvais esprit. Pendant cette cérémonie, une vieille femme en pleurs hurlait dans l'oreille du malade à le rendre sourd. Ce malheureux cependant paraissait souffrir autant du remède que de son mal. Le jongleur lui donna quelque trève pour aller prendre sa parure de cérémonie; ensuite, les cheveux poudrés et la tête ornée de deux ailes blanches, assez semblables au bonnet de Mercure, il recommença ses fonctions avec plus de confiance et aussi peu de succès. L'enfant alors paraissant plus mal, notre aumônier lui administra furtivement le baptême.

» Les officiers étaient revenus à bord, et m'avaient raconté ce qui se passait à terre. Je m'y transportai aussitôt avec notre chirurgien-major, qui fit apporter un peu de lait et de la tisane émolliente. Lorsque nous arrivâmes, le malade était hors de la cabane. Le jongleur, auquel il s'en était joint un autre, paré des mêmes ornements, avait recommencé son opération sur le ventre, les cuisses et le dos de l'enfant. C'était pitié de les voir martyriser cette infortunée créature, qui souffrait sans se plaindre. Son corps était déjà tout meurtri, et les médecins continuaient encore ce barbare remède, avec force conjurations. La douleur du père et de la mère, leurs larmes, l'intérêt vif de toute la bande, intérêt manifesté par des signes non équivoques, la patience de l'enfant, nous donnèrent le spectacle le plus attendrissant. Les sauvages s'aperçurent sans doute que nous partagions leur peine; du moins leur méfiance sembla-t-elle diminuée. Ils nous laissèrent approcher du malade, et le major examina sa bouche ensanglantée, que son père et un autre Pécherais suçaient alternativement. On eut beaucoup de peine à leur persuader de faire usage du lait : il fallut en goûter plusieurs fois, et, malgré l'invincible opposition des jongleurs, le père enfin se détermina à en faire boire à son fils; il accepta même le don de la cafetière pleine de tisane émolliente. Les jongleurs témoignaient de la jalousie contre le chirurgien, qu'ils parurent cependant à la fin reconnaître pour un habile jongleur. Ils ouvrirent même pour lui un sac de cuir qu'ils portent toujours pendu à leur côté, et qui contenait leur bonnet de plumes, de la poudre blanche, du tabac, et les autres instruments de leur art; mais à peine y eut-il jeté les yeux qu'ils le refermèrent aussitôt. Nous remarquâmes aussi que, tandis qu'un des jongleurs travaillait à conjurer le mal du patient, l'autre ne semblait occupé qu'à prévenir par ses enchantements l'effet du mauvais sort qu'ils nous soupçonnaient d'avoir jeté sur eux.

»Nous retournâmes à bord à l'entrée de la nuit. L'enfant souffrait moins. Toutefois un vomissement presque continuel qui le tourmentait nous fit appréhender qu'il ne fût passé du verre dans son estomac. Nous eûmes lieu de croire que nos conjectures n'avaient été que trop justes. Vers les deux heures après minuit on entendit du bord des hurlements répétés, et, dès le point du jour, quoiqu'il fît un temps affreux, les sauvages appareillèrent. Ils fuyaient sans doute au lieu souillé par la mort, et les étrangers funestes qu'ils croyaient n'être venus que pour les détruire. »

LES GRANDS ET LE PEUPLE A TAITI.

« Les habitants de Taïti, dit Bougainville, nous avaient paru heureux. Nous les avions crus presque égaux entre eux, ou du moins jouissant d'une liberté qui n'était soumise qu'aux lois établies pour le bonheur de tous. Je me trompais : la distinction des rangs est fort marquée à Taïti, et la disproportion cruelle. Les rois et les grands ont droit de vie et de mort sur leurs esclaves et valets. Je serais même tenté de croire qu'ils ont aussi ce droit barbare sur les gens du peuple, qu'ils nomment *tata-einou*, hommes vils ; toujours est-il sûr que c'est dans cette classe infortunée qu'on prend les victimes pour les sacrifices humains. La viande et le poisson sont réservés à la table des grands ; le peuple ne vit que de légumes et de fruits. Jusqu'à la manière de s'éclairer dans la nuit différencie les états, et l'espèce de bois qui brûle pour les gens considérables n'est pas la même que celle dont il est permis au peuple de se servir. Les rois seuls peuvent planter devant leur maison l'arbre que nous nommons le saule pleureur, ou l'arbre du grand-seigneur. On sait qu'en courbant les branches de cet arbre et les plantant en terre, on donne à son ombre la direction et l'étendue qu'on désire. A Taïti il est la salle à manger des rois.

» Les seigneurs ont des livrées pour leurs valets. Suivant que la qualité des maîtres est plus ou moins élevée, les valets portent plus ou moins haut la pièce d'étoffe dont ils se ceignent : cette ceinture prend immédiatement sous les bras aux valets des chefs ; elle ne couvre que les reins aux valets de la dernière classe des nobles. »

Quelques philosophes du 18e siècle prétendaient que la civilisation était un mal, que l'homme à l'état sauvage possédait seul le bonheur, parce que seul il vivait au sein de l'égalité et de la liberté, sources du bonheur individuel et social. Mais ce que racontent nos voyageurs n'est guère, comme on le voit, favorable à cette thèse.

COOK.

Cook, célèbre navigateur anglais, né en 1728 et mort en 1779, dans une île de la mer de Kamtchatka, en cherchant vainement un passage dans le nord de l'Asie, partit en 1768 pour une expédition autour du monde. Dans trois voyages successifs, il fit ou compléta plusieurs découvertes importantes; entre autres celles des îles de la Société, de la Nouvelle Calédonie, de l'île de la Géorgie, de la terre de Sandwich; au nord de la ligne équinoxiale, le groupe des îles Sandwich, dont la position et les productions promettent plus d'avantages à la navigation des Européens qu'aucune autre des terres de cette mer.

Il a découvert ensuite et relevé la partie de la côte occidentale d'Amérique, depuis le 43ᵉ jusqu'au 70ᵉ degré de latitude nord, c'est-à-dire une étendue de plus de trois mille cinq cents milles; il a constaté la proximité des continents d'Asie et d'Amérique, il a traversé le détroit qui les sépare; il a relevé les terres de chaque côté à une assez grande hauteur pour démontrer qu'il est impossible de passer de la mer Atlantique dans le Grand-Océan, ou par la route de l'est, ou par celle de l'ouest; enfin, si on excepte la mer d'Amour et l'archipel du Japon, sur lesquels on n'a encore que des détails imparfaits, il a complété l'hydrographie de la partie du globe qui est habitable.

Voici quelques extraits de ses voyages.

COMBATS PUBLICS CHEZ LES TAITIENS.

« On prépara pour nous un divertissement entièrement nouveau : c'était un combat de lutte. Le chef était assis dans la partie supérieure de l'amphithéâtre, et les principales personnes de sa suite rangées en demi-cercle à ces côtés : c'étaient des juges qui devaient applaudir au vainqueur. On avait laissé des siéges pour nous; mais nous aimâmes mieux être en liberté parmi le reste des spectateurs.

» Quand tout fut prêt, dix ou douze hommes, qui, d'après ce que nous apprimes, étaient les combattants, et qui n'avaient d'autre vêtement qu'une ceinture d'étoffe, entrèrent dans l'arène. Ils en firent le tour lentement, les regards baissés et la main gauche sur la poitrine ; de la droite, qui était ouverte, ils frappaient souvent l'avant-bras de la première avec tant de roideur que le coup produisait un son assez aigu. C'était un défi général que se faisaient les combattants les uns aux autres , ou qu'ils adressaient aux spectateurs. D'autres athlètes suivirent bientôt ceux-ci de la même manière; ils se donnèrent ensuite des défis particuliers , et chacun d'eux choisit son adversaire. Cette formalité consistait à joindre les bouts des doigts et à les appuyer sur sa poitrine , en remuant en même temps les coudes en haut et en bas avec beaucoup de promptitude. Si l'homme à qui le lutteur s'adressait acceptait le cartel, il répétait les mêmes signes, et ils se mettaient tous deux sur-le-champ dans l'attitude de combattre. Une minute après ils en venaient aux mains. C'était une pure dispute de force. Chacun tâchait d'abord de se saisir de son adversaire par la cuisse, et , s'il n'en venait pas à bout, par la main, les cheveux, la ceinture ; en un mot, partout où il pouvait ; ils s'accrochaient enfin , sans adresse ni habileté, jusqu'à ce que l'un des athlètes, profitant d'un moment avantageux , ou ayant plus de force dans les muscles, renversât l'autre.

» Lorsque le combat était fini, les vieillards applaudissaient au vainqueur par quelques mots que toute l'assemblée répétait en chœur sur une espèce de chant , et la victoire était célébrée ordinairement par trois cris de joie. Le spectacle était suspendu alors pendant quelques minutes ; ensuite un autre couple de lutteurs s'avançait dans l'arène, et combattait de la même manière. Après que le combat avait duré une minute , si l'un des deux n'était pas mis à terre, ils se séparaient d'un commun accord, ou par l'intervention de leurs amis, et , dans ce cas, chacun étendait son bras en frappant l'air pour faire un nouveau défi au même rival ou à un autre. Tandis que les lutteurs étaient aux prises , une autre troupe exécutait une danse qui durait aussi l'espace d'une minute. Mais les danseurs et les lutteurs, entièrement occupés de ce qu'ils faisaient, ne donnaient pas la moindre attention les uns aux autres.

» Nous observâmes avec plaisir que le vainqueur ne montrait jamais d'orgueil à l'égard de l'adversaire qu'il avait défait, et que le vaincu ne murmurait point de la gloire de son rival. Enfin toute la lutte eut lieu avec une bonne amitié et une bonne humeur parfaites , quoiqu'il y eût au moins cinq cents spectateurs. »

Les lecteurs qui connaissent les combats des athlètes de l'antiquité remarqueront sans doute une ressemblance grossière entre ces anciens jeux et les luttes des habitants d'une petite île située au milieu du Grand-Océan. On peut à ce sujet se rappeler la description qu'en a donnée Fénelon dans son *Télémaque :* quoiqu'il raconte des événements fabuleux, il a copié fidèlement les mœurs des anciens temps, d'après les auteurs qu'on regarde comme des historiens fidèles.

RELIGION A TAITI.

« Nous vîmes à Taïti une curiosité singulière. C'était la figure d'un homme grossièrement faite d'osier, mais qui n'était point mal dessinée ; elle avait plus de 2 mètres 33 centimètres de haut, et elle était grosse d'après cette proportion. La carcasse était entièrement couverte de plumes blanches dans les parties où ils laissent à leur peau sa couleur naturelle , et noire dans celles où ils ont coutume de se peindre ; on avait formé des espèces de cheveux sur la tête, et quatre protubérances, trois au front et une par derrière, que nous aurions nommées des cornes, mais que les Indiens décoraient du nom de *taté-été ,* petits hommes. Cettte figure s'appelait Manioé, et on nous dit qu'elle était seule de son espèce à Taïti. Ils entreprirent de nous expliquer à quoi elle servait , et quel avait été leur but en la faisant ; mais nous ne connaissions pas assez leur langue pour les entendre. Nous apprîmes dans la suite que c'était une représentation de Mauvé, un de leurs Eatouas, ou dieux de la seconde classe.

» Nous fûmes bientôt frappés de la vue d'un énorme bâtiment qu'on nous dit être le moraï d'Omaa et d'Obéréa, et le principal morceau d'architecture qui fût dans l'île. C'était une fabrique de pierre élevée en pyramide, sur une base en carré long de 88 mètres 33 centimètres de long et de 28 mètres 33 centimètres de large ; elle était construite comme les petites élévations pyramidales sur lesquelles nous plaçons quelquefois la colonne d'un cadran solaire, et dont chaque côté est en forme d'escalier ; les marches des deux côtés étaient plus larges que celles des bouts ; de sorte que l'édifice ne se terminait pas en parallélogramme comme la base, mais en un faîte ressemblant au toit de nos maisons. Nous comptâmes onze rampes élevées chacune de 1 mètre 33 centimètres, ce qui donne 14 mètres 67 centimètres pour la hauteur du bâtiment. Chaque marche était composée d'un rang de morceaux de corail blanc, taillés et polis proprement. Le reste de la masse (car il n'y avait point de cavité dans l'intérieur) consistait en cailloux ronds, qui, par la régularité de leur forme, semblaient avoir été taillés. Quelques-unes des pierres de corail étaient très grandes ; nous en mesurâmes une qui avait 1 mètre 17 centimètres de long et 85 de large. La base était de pierres taillées aussi en carré ; une d'elles avait à peu près 1 mètre 55 centimètres de long et 80 centimètres de large.

» Nous fûmes étonnés de voir une pareille masse construite sans instruments de fer pour tailler les pierres et sans mortier pour les joindre. La structure en était aussi compacte et aussi solide qu'aurait pu la faire un maçon d'Europe ; seulement les marches du côté le plus long n'étaient pas parfaitement droites ; elles formaient au milieu une espèce de creux ; de sorte que toute la surface d'une extrémité à l'autre présentait non pas une ligne droite, mais une ligne courbe. Comme nous n'avions pas vu de carrière dans le voisinage, les Taïtiens avaient dû apporter les pierres de fo rt loin, et ils n'ont pour transporter leurs fardeaux que le secours de l eurs bras. Ils avaient sans doute aussi tiré le corail de dessous l'eau : quoiqu'il y en ait dans la mer en grande abondance, il est toujours au moins à la profondeur de 1 mètre. Ils n'avaient pu tailler la pierre et le corail qu'avec des instruments de même matière, ce qui est un ouvrage d'un travail incroyable. Il leur était plus facile de les polir : ils se servent pour cela d'un sable de corail dur qu'on trouve partout sur les côtes de la mer.

» Il y avait au milieu du sommet de cette masse une figure d'oiseau sculptée en pierre. Toute cette pyramide faisait partie d'une place spacieuse, presque carrée, dont les grands côtés avaient 120 mètres de long, et les deux autres 118. La place était environnée de murailles et pavée de pierres plates dans toute son étendue ; il y croissait, malgré le pavé, plusieurs étoas et des bananiers. A environ cent mètres à l'ouest de ce bâtiment, il y avait une espèce de cour pavée où l'on voyait plusieurs petites plate-formes élevées sur des colonnes de bois de 2 mètres 33 centimètres de hauteur. Les Taïtiens les nomment *étouattas*. Il nous parut que c'étaient des espèces d'autels, parce qu'ils y plaçaient des provisions de toute espèce en offrande à leurs dieux. Nous avons vu depuis sur cet autel des cochons tout entiers, et nous y avons trouvé des crânes de plus de cinquante de ces animaux, outre ceux d'un grand nombre de chiens. »

NOURRITURE DES TAITIENS.

« Les végétaux forment la plus grande partie de leur nourriture. Nous dirons d'abord que, excepté les cochons, les chiens et la volaille, ils n'ont point d'animaux apprivoisés; mais ceux-là même n'y sont point en grande quantité. Lorsqu'un chef tue un cochon, il le partage presque également entre ses sujets; et, comme ils sont très nombreux, la portion qui revient à chaque individu dans ces festins, qui n'arrivent pas souvent, est nécessairement très petite. Les Taïtiens du commun se régalent plus fréquemment avec des chiens et de la volaille. Je ne puis pas vanter beaucoup la saveur de leur volaille; mais nous convînmes tous qu'un chien du Grand-Océan était presque aussi bon qu'un agneau d'Angleterre. Ils ont probablement cet excellent goût parce qu'il se nourrissent uniquement de végétaux. La mer fournit à ces insulaires beaucoup de poissons de toute espèce; ils mangent crus les plus petits qu'ils attrapent comme nous mangeons les huîtres, et ils tirent parti de toutes les productions de la mer. Ils aiment passionnément les homards, les crabes et les coquillages qu'ils trouvent sur la côte. Ils mangent aussi des sèches, quoiqu'il y en ait de si coriaces qu'il faille les laisser pourrir avant de pouvoir les mâcher. Parmi les végétaux qui leur servent d'aliments, le fruit à pain est le principal, et pour s'en procurer ils n'ont d'autre peine qu'à grimper sur un arbre. Cet arbre n'est pas tout-à-fait une production spontanée de la nature; mais le Taïtien qui, dans sa vie, en plante une dizaine, ce qui exige un travail d'une heure, remplit ses obligations à l'égard de ses contemporains et de la génération à venir, aussi parfaitetement que l'habitant de nos climats moins tempérés qui laboure pendant le froid de l'hiver, moissonne à la chaleur de l'été, toutes les fois que reviennent ces saisons, et qui, après avoir nourri sa famille, trouve moyen de laisser à ses enfants de l'argent et du bien.

» Il est vrai qu'ils n'ont pas toute l'année du fruit à pain ; mais les cocos, les bananes et beaucoup d'autres fruits suppléent à ce défaut.

» On imagine bien que la cuisine, chez ce peuple, n'est pas un art bien perfectionné. Ils n'ont que deux manières de préparer leurs aliments : l'une de les griller, et l'autre de les cuire au four. L'opération de griller quelque chose est si simple qu'il n'est pas besoin de la détailler ici. Quant à leur manière de cuire au four, elle est excessivement bizarre. Ils apprêtent ainsi fort bien les cochons et les gros poissons, et, suivant nous, ils sont plus succulents et plus également cuits que dans nos meilleures cuisines d'Europe. Ils cuisent aussi du fruit à pain dans un four tout-à-fait différent des nôtres ; il s'adoucit alors et devient assez semblable à une pomme de terre bouillie, sans être pourtant aussi farineux qu'une pomme de terre de la meilleure espèce. Ils apprêtent le fruit à pain de trois manières : ils y mettent quelquefois de l'eau ou du lait de coco, et le réduisent en pâte avec un caillou ; d'autres fois ils le mêlent avec des bananes mûres, ou ils en font une pâte aigrelette qu'ils appellent *mahié*. »

FABRICATION DES ÉTOFFES A TAITI.

« Ils ont grand soin de multiplier tous les arbres qui fournissent la matière des étoffes : ils donnent surtout une attention particulière au mûrier, qui couvre la plus grande partie des terres cultivées. Quoique les étoffes composées de l'écorce de cet arbre soient différentes, elles sont cependant fabriquées de la même manière. Je me contenterai donc de décrire les procédés qu'ils emploient pour manufacturer la plus fine. Lorsque les arbres sont d'une grandeur convenable, on les arrache, on les dépouille de leurs branches, et on en coupe ensuite les racines et les sommets. L'écorce étant fendue longitudinalement se détache avec facilité, et, lorsqu'on en a mangé une assez grande quantité, on la porte à un ruisseau d'eau vive, et on l'y laisse tremper après l'avoir chargée de pierres pesantes, pour qu'elle ne soit pas entraînée par le courant. Quand on juge qu'elle est suffisamment macérée, les servantes vont au ruisseau, s'asseyent dans l'eau pour séparer l'écorce intérieure de la partie verte de l'épiderme ; elles placent à cet effet l'écorce intérieure sur une planche polie et aplatie : elle la râtissent très soigneusement avec la coquille que nos marchands appellent langue de tigre, et elles la plongent continuellement dans l'eau jusqu'à ce qu'il ne reste plus rien que les belles fibres de cette écorce. Quand elle est ainsi préparée dans l'après-midi, elle est étendue le soir sur des feuilles de bananier. Il paraît que cette partie de l'ouvrage offre quelque difficulté, puisque la maîtresse de la famille est toujours chargée de surveiller cette opération.

» On place les écorces l'une à côté de l'autre, sur une longueur de 10 à 12 mètres, et une largeur d'environ 33 cent. ; on en met deux ou trois couches l'une sur l'autre. On a grand soin que l'étoffe soit partout d'une égale épaisseur, et, s'il arrive que l'écorce soit plus mince dans un endroit que dans un autre d'une couche, on prend un morceau un peu plus épais pour le placer par-dessus dans la couche supérieure. L'écorce reste dans cet état jusqu'au lendemain matin : alors, la plus grande partie de l'eau qu'elle contenait étant imbibée ou évaporée, les fibres adhèrent si bien ensemble que toutes les couches se lèvent de terre en une seule pièce.

» Après qu'on a ainsi levé la pièce, on la pose sur le côté poli d'une grande planche de bois préparée pour cet effet, et les servantes la battent avec des petits maillets d'environ 33 centimètres de long et 17 d'épaisseur, faits d'un bois dur que les insulaires appellent *étoa*. La forme de cet instrument ressemble assez à un cuir de forme carrée pour repasser les rasoirs, excepté seulement que le manche est un peu plus long, et que chacune des quatre faces est sillonnée de rainures et de lignes proéminentes, plus ou moins hautes ou profondes : celles d'un des côtés sont de la grosseur d'une petite ficelle; les plus petites de celles d'un fil de soie, et dans cet intervalle les autres diminuent par degrés.

11

» Ils battent d'abord l'écorce avec le côté du maillet où sont les plus grosses rainures, et ils frappent en cadence comme nos forgerons sur leur enclume. L'écorce s'étend très promptement sous les coups, et les rainures de l'instrument y laissent l'empreinte d'un tissu. On la bat successivement avec les autres côtés du maillet, et l'on finit par le plus uni : alors l'étoffe sort achevée des mains de l'ouvrier. Quelquefois on applique plusieurs doubles de cette étoffe, qu'on bat avec le côté le plus uni du maillet : dans ce cas, elle s'amincit, devient presque aussi légère que de la mousseline, et ils lui donnent le nom d'*hobou*. L'étoffe se blanchit très bien à l'air ; mais elle acquiert plus de blancheur et de douceur lorsqu'on la lave et qu'on la bat derechef après qu'on l'a portée.

» Il y a plusieurs sortes de cette étoffe, de différents degrés de finesse, suivant qu'elle est plus ou moins battue sans être doublée. Les autres étoffes sont aussi plus ou moins belles, suivant qu'elles ont été battues ; mais elles diffèrent en même temps les unes des autres par les différents matériaux dont elles sont composées. On ne prend l'écorce de l'arbre à pain que lorsque les tiges sont beaucoup plus longues et plus épaisses que celles du figuier, qu'on emploie quand elles sont plus jeunes.

» Quand les Taïtiens veulent laver cette étoffe après qu'elle a été portée, ils la font tremper dans une eau courante, où ils la laissent pendant quelque temps après l'avoir fixée au fond avec une pierre ; ils la tordent ensuite légèrement pour en exprimer l'eau. Quelquefois ils lui donnent alors une nouvelle fabrication : ils en mettent plusieurs pièces l'une sur l'autre, et ils les battent ensemble avec le côté le plus raboteux du maillet. Elles deviennent d'une épaisseur égale à nos draps d'Angleterre, et plus douces et plus unies que ces draps, après qu'elles ont un peu servi, quoiqu'en sortant de dessous le maillet elles paraissent avoir été empesées.

» Cette étoffe se déchire quelquefois lorsqu'on la bat ; mais on la raccommode aisément en y joignant un morceau avec une colle composée d'une certaine racine, et cette opération se fait avec tant d'adresse qu'on ne s'en aperçoit pas. »

LE LEVER DU SOLEIL A TAITI.

Dès la veille, les montagnes de ce pays désiré sortaient du milieu des nuages dorés par le coucher du soleil. Tout le monde, excepté un ou deux matelots qui ne pouvaient pas marcher, se rendit avec empressement sur le gaillard d'avant, pour contempler cette terre sur laquelle nous fondions tant d'espérance, et qui enchante tous les navigateurs qui y ont abordé.

Nous passâmes une nuit heureuse dans l'attente du matin. Nous résolûmes d'oublier les fatigues et l'inclémence du climat austral ; la tristesse qui s'était emparée de nous se dissipait ; l'image de la maladie et de la mort ne nous épouvantait plus.

A la pointe du jour, nous jouîmes d'une de ces belles matinées que les poètes de toutes les nations ont essayé de peindre. Un léger souffle de vent nous apportait de la terre un parfum délicieux, et ridait la surface des eaux. Les montagnes, couvertes de forêts, élevaient leurs têtes majestueuses, sur lesquelles nous apercevions déjà la lumière du soleil naissant. Plus près de nous on voyait une rangée de collines, d'une pente plus douce, mais boisées comme les premières, et agréablement entremêlées de teintes vertes et brunes ; au pied, une plaine parée d'arbres à pain, au-dessus desquels s'élevait une quantité innombrable de palmiers, vrais souverains de ces bocages ravissants. Tout semblait dormir encore ; l'aurore ne faisait que poindre, et une obscurité paisible enveloppait le paysage. Nous distinguions cependant des maisons parmi les arbres, et des pirogues sur la grève. A un demi-mille du rivage, les vagues mugissaient contre un banc de rochers de niveau avec la mer, et rien n'égalait la tranquillité des flots dans l'intérieur du havre. Quand l'astre du jour commença à éclairer la plaine, les insulaires se levèrent, et animèrent peu à peu cette scène charmante. A la vue de nos vaisseaux, plusieurs se hâtèrent de lancer leurs pirogues, et de venir à nous, qui avions tant de joie de les contempler. Nous ne pensions guère que nous aillions courir le plus grand danger, et que la destruction menacerait bientôt les vaisseaux et les équipages sur les bords de cette rive fortunée.

LES CAMPAGNES DE TAITI.

Une grande variété de végétaux croît naturellement au milieu des plantations, dans ce beau désordre de la nature, qui est réellement admirable, et qui surpasse infiniment la symétrie des jardins réguliers. Nous y avons trouvé plusieurs graminées qui, quoique plus clair-semées que dans nos pays du nord, offraient cependant, en croissant à l'ombre, un lit de verdure d'une extrême mollesse et d'une fraîcheur remarquable; elles entretenaient assez d'humidité dans le sol pour nourrir les arbres. De petits oiseaux remplissaient les bocages d'arbres à pain, etc.; leur chant était très agréable, quoiqu'on dise communément en Europe (je ne sais pourquoi) que les oiseaux des climats chauds sont privés du don de l'harmonie. De très petits perroquets, d'un joli bleu de saphir, habitaient la cime des cocotiers les plus élevés, tandis que d'autres, d'une couleur verdâtre et tachetés de rouge, se montraient plus ordinairement parmi les bananiers, et souvent dans les habitations des Taïtiens, qui les apprivoisaient, et qui estimaient beaucoup leurs plumes rouges. Un martin-pêcheur d'un vert sombre, avec un collier de la même couleur sur son cou blanc, un gros coucou, plusieurs sortes de pigeons ou de tourterelles, sautaient d'une branche à l'autre, tandis qu'un héron bleuâtre se promenait gravement sur le bord de la mer, mangeant des coquillages et des vers. Un beau ruisseau qui roulait ses ondes argentées sur un lit de cailloux descendait d'une vallée étroite, et à son embouchure dans la mer offrait ses eaux aux gens de l'équipage qui étaient à terre pour remplir les futailles. En remontant ce ruisseau, je rencontrai une grosse troupe de Taïtiens qui suivaient trois hommes revêtus de différentes étoffes jaunes et rouges, avec de jolis turbans de mêmes couleurs. Chacun d'eux portait à la main un long bâton ou une baguette, et le premier était accompagné d'une femme qu'on nous dit être son épouse. Je demandai qui étaient ces gens-là ; on me répondit que c'étaient les *te-aponnis ;* mais remarquant que je n'entendais pas assez leur langue ponr comprendre ce terme, on ajouta que c'étaient des *tata-no t'eatoua,* des ministres du dieu et du moraï ou du temple. Je m'arrêtai quelque temps parmi eux ; et comme ils ne firent aucune cérémonie religieuse , je les quittai.

ANTHROPOPHAGIE DANS LA NOUVELLE-ZÉLANDE.

Lorsque nous allâmes à terre, ces Indiens étaient occupés à apprêter leurs aliments, et ils faisaient cuire alors un chien dans leur four. Il y avait près de là plusieurs paniers de provisions. En jetant par hasard les yeux sur un de ces paniers, à mesure que nous passions, nous aperçûmes deux os entièrement rongés , qui ne nous parurent pas être des os de chien , et que nous reconnûmes pour des os humains après les avoir examinés de plus près. Ce spectacle nous frappa d'horreur, quoiqu'il ne fît que confirmer ce que nous avions ouï dire plusieurs fois depuis notre arrivée sur la côte. Comme il était sûr que nous venions de voir des os humains, il ne nous fut pas possible de douter que la chair qui les couvrait n'eût été mangée. On les avait trouvés dans un panier de provisions ; la chair qui restait semblait manifestement avoir été apprêtée au feu , et l'on voyait sur les cartilages les marques des dents qui avaient mordu.

Cependant , pour confirmer des conjectures que tout rendait si vraisemblables , nous chargeâmes Topia de demander ce que c'était que ces os. Les Indiens répondirent , sans hésiter en aucune manière, que c'étaient des os d'homme. On leur demanda ensuite ce qu'était devenue la chair, et ils répliquèrent qu'ils l'avaient mangée. — « Mais, dit Topia, pourquoi n'avez-vous pas mangé le corps de la femme que nous avons vu flotter sur l'eau? — Cette femme , répondirent-ils, est morte de maladie ; d'ailleurs elle était notre parente, et nous ne mangeons que les corps de nos ennemis qui sont tués dans une bataille. » En nous informant qui était l'homme dont nous avions trouvé les os, ils nous dirent que, environ cinq jours auparavant, une pirogue montée par sept de leurs ennemis était venue dans la baie, et que cet homme était un des sept, qu'ils avaient tué.

Quoiqu'il soit difficile d'exiger de plus fortes preuves que cette horrible coutume est établie parmi les habitants ce cette côte, cependant nous allons en donner qui sont encore plus frappantes. L'un de nous leur demanda s'ils avaient quelques os humains où il y eût encore de la chair ; ils nous répondirent qu'ils l'avaient toute mangée. Comme nous feignîmes de ne pas croire que ce fussent des os d'homme, et prétendîmes que c'étaient des os de chien, un des Indiens saisit son avant-bras avec une sorte de vivacité, et, en l'avançant vers nous, il dit que l'os que tenait M. Banks dans sa main avait appartenu à cette partie du corps ; et, pour nous convaincre en même temps qu'ils en avaient mangé la chair, il mordit son propre bras, et fit semblant de manger. Il mordit aussi et rongea l'os qu'avait pris M. Banks, en le passant à travers sa bouche, et montrant par signes qu'il en avait mangé la chair avec un très grand plaisir ; il rendit ensuite l'os à M. Banks, qui l'emporta avec lui. Parmi les personnes de cette famille, nous vimes une femme dont les bras, les jambes et les cuisses avaient été déchirés en plusieurs endroits d'une manière effrayante. On nous dit qu'elle s'était fait elle-même ces blessures, comme un témoignage de la douleur que lui causait la mort de son mari, tué et mangé depuis peu par d'autres habitants qui étaient venus les attaquer d'un canton de l'île situé à l'est, et que nos Indiens montraient avec le doigt.

HABITATIONS DES ZÉLANDAIS.

Leurs maisons sont les plus grossiers de leurs ouvrages ; à l'exception de la grandeur, elles égalent à peine les chenils d'Angleterre. Elles ont rarement plus de 6 à 7 mètres 67 centimètres de long, 3 ou 4 mètres de large, et 2 de haut, depuis la perche qui se prolonge d'une extrémité à l'autre, et qui forme le faîte, jusqu'à terre. La charpente est en bois, et ordinairement de perches minces. Les parois et le toit sont composés d'herbes sèches et de foin , et le tout est joint ensemble avec bien peu de solidité. Quelques-unes sont garnies en dedans d'écorce d'arbres ; de sorte que dans un temps froid elles doivent procurer un très bon abri. Le toit est incliné comme celui de nos granges. La porte est à une des extrémités, et n'a que la hauteur suffisante pour admettre un homme qui se traîne sur ses mains et sur ses genoux pour y entrer. Près de la porte est un trou carré qui sert à la fois de fenêtre et de cheminée : car le foyer est à peu près au milieu de l'habitation , et entre les deux côtés. Dans quelque partie visible , et ordinairement près de la porte , ils attachent une planche couverte de sculptures à leur manière. Cette planche a pour eux autant de prix qu'un tableau en a pour nous. Les parois et le toit s'étendent à environ 67 centimètres au-delà de chaque extrémité , de manière qu'ils forment une espèce de porche garni de bancs pour l'usage de toute la famille. La partie du sol destinée pour le foyer est enfermée dans un carré creux par de petites cloisons de bois ou de pierre : c'est au milieu qu'on allume le feu. Le long des parois ils étendent à terre un peu de paille sur laquelle ils se couchent.

Leurs meubles et ustensiles sont en petit nombre ; un coffre les contient ordinairement tous , si l'on en excepte leurs paniers de provisions , les calebasses où ils conservent de l'eau douce , et les maillets dont ils battent leurs racines de fougère ; ceux-ci sont déposés communément en dehors de la porte. Quelques outils grossiers, leurs habits , leurs armes, et les plumes qu'ils mettent dans leurs cheveux, composent le reste de leurs trésors. Ceux qui sont d'une classe distinguée , et dont la famille est nombreuse , ont trois ou quatre habitations renfermées dans une cour ; les cloisons en sont faites avec des perches et du foin , et ont environ 3 ou 4 mètres de hauteur.

PARTIE DU COSTUME DES ZÉLANDAIS.

Les deux sexes percent leurs oreilles, et en agrandissent les trous de manière qu'on peut y faire entrer au moins un doigt. Ils passent dans ces trous des ornements de différente espèce, de l'étoffe, des plumes, des os de grands oiseaux, et quelquefois un petit morceau de bois. Ils y mettaient ordinairement les clous que nous leur donnions, ainsi que toutes les autres choses qu'ils pouvaient y porter. Quelques femmes y mettent le duvet de l'albatros, qui est aussi blanc que la neige, et qui, étant relevé par devant et par derrière le trou en une touffe presque aussi grosse que le poing, forme un coup d'œil très singulier, et qui, quoique étrange, n'est pas désagréable. Outre les parures qu'ils font entrer dans les trous des oreilles, ils y suspendent, avec des cordons, plusieurs autres objets, tels que des ciseaux ou des aiguilles de tête de talc vert, auxquels ils mettent un très haut prix, des ongles et des dents de leurs parents défunts, des dents de chien, et toutes les autres choses qu'ils peuvent se procurer, et qu'ils regardent comme étant de quelque valeur. Les femmes portent aussi des bracelets et des colliers composés d'os d'oiseaux, de coquillages ou d'autres substances qu'elles prennent et qu'elles enfilent en chapelet. Les hommes suspendent quelquefois à un cordon qui tourne autour de leur cou un morceau de talc vert ou d'os de baleine, à peu près de la forme d'une langue, et sur lequel on a grossièrement sculpté la figure d'un homme. Ils estiment fort cet ornement.

Nous avons vu un Zélandais dont le cartilage du nez était percé ; il y avait passé une plume qui s'avançait en saillie sur chaque joue. Il est probable qu'il avait adopté cette singularité bizarre comme un ornement ; mais parmi tous les Indiens que nous avons rencontrés, aucun n'en portait de semblable ; nous n'avons pas même remarqué à leur nez de trou qui pût servir à un pareil usage.

Leur peau, dit-il en parlant d'une peuplade voisine, était tellement couverte de boue et d'ordures qu'il était très difficile d'en connaitre la véritable couleur. Nous avons essayé plusieurs fois de la frotter avec les doigts mouillés pour en ôter la croûte, mais toujours inutilement. Ces ordures les font paraître presque aussi noirs que des nègres, et, suivant que nous pouvons en juger, leur peau est couleur de suie ou couleur de chocolat. Leurs traits sont bien loin d'être désagréables : ils n'ont ni le nez plat, ni les lèvres grosses; leurs dents sont blanches et égales, leurs cheveux naturellement longs et noirs; ils les portent très courts; en général ils sont lisses; quelquefois ils bouclent légèrement. Nous n'en avons point aperçu qui ne fussent fort mêlés et sales, quoiqu'ils n'y mettent ni huile , ni graisse. A notre grande surprise, ils étaient exempts de vermine. Leur barbe est de la même couleur que leurs cheveux, touffue et épaisse. Ils ne la laissent cependant pas croître très longue. Nous rencontrâmes un jour un homme qui avait la barbe plus grande que ses compatriotes; nous observâmes le lendemain qu'elle était un peu plus courte, et, en l'examinant, nous reconnûmes que l'extrémité des poils avait été brûlée. Ce fait, joint à ce que nous n'avons jamais découvert parmi eux aucun instrument à couper, nous fit conclure qu'ils tiennent leur barbe et leurs cheveux courts en les brûlant.

Leur principale parure consiste dans l'os qu'ils enfoncent à travers la cloison du nez. Toute la sagacité humaine ne peut pas expliquer par quel renversement de goût ils ont pensé que c'était un ornement, et ce qui a pu les porter à souffrir la douleur et les incommodités qu'entraîne nécessairement cet usage, en supposant qu'ils ne l'aient pas adopté de quelque autre nation. Cet os est aussi gros que le doigt, et, comme il a 16 centimètres de long, il croise entièrement le visage, et bouche si bien les narines qu'ils sont obligés de tenir la bouche fort ouverte pour respirer ; aussi nasillent-ils tellement, lorsqu'ils veulent parler, qu'ils se font à peine entendre les uns des autres. Nos matelots appelaient cet os, en plaisantant, la *vergue de civadière*, et véritablement il formait un coup d'œil si bizarre que, avant d'y être accoutumés, il nous fut très difficile de ne pas en rire. Outre ce bijou, ils ont des colliers faits de coquillages, taillés et attachés ensemble très proprement ; des bracelets de petites cordes qui forment deux ou trois tours sur la partie supérieure du bras, et autour des reins un cordon de cheveux tressés. Quelques-uns portaient en outre des espèces de hausse-cols faits de coquillages, et tombant sur la poitrine.

Quoique ces peuples n'aient pas d'habillements, leurs corps, outre l'ordure et la boue, ont encore un autre enduit; car ils le peignent de blanc et de rouge. Ils mettent ordinairement le rouge en larges taches sur les épaules et sur la poitrine, et le blanc en raies, les unes étroites, les autres larges : les étroites sont placées sur les bras, les cuisses et les jambes, et les larges sur le reste du corps. Ce dessin ne manque pas absolument de goût. Ils appliquent aussi de petites taches de blanc sur le visage, et en forment un cercle autour de chaque œil. Le rouge semblait être de l'ocre : mais nous n'avons pas pu découvrir quelle substance composait leur blanc. Il était en petits grains, ferme, savoneux au toucher, et presque aussi pesant que du blanc de plomb : c'était peut-être une pièce de stéatite ; mais, à notre grand regret, nous n'avons pas pu nous en procurer un seul morceau pour l'examiner. Quoiqu'ils aient les oreilles percées, nous n'y vîmes point de pendants. Ils attachaient un si grand prix à tous leurs ornements, qu'ils ne voulurent nous en céder aucun, malgré tout ce que nous leur en offrîmes ; ce qui était d'autant plus extraordinaire que nos verroteries et nos rubans pouvaient également leur servir de parure, qu'ils étaient d'une forme plus régulière, et que la matière en était plus brillante.

USAGES AUX ILES DES AMIS.

La méthode ordinaire de se saluer est de toucher ou de frotter avec son nez celui de la personne qu'on aborde, comme à la Nouvelle-Zélande. Ils déploient un pavillon blanc en signe de paix à l'égard des étrangers. Mais les insulaires qui vinrent les premiers à bord apportèrent des plants de poivre, et, avant de monter, ils les envoyèrent dans le vaisseau, témoignage de bienveillance le plus solennel que l'on puisse désirer. Leur franchise, lorsqu'ils montèrent sur nos bords et nous reçurent à terre, me fait penser que des alarmes étrangères ou domestiques ne troublent pas souvent la paix dont ils jouissent. Ils ont cependant des armes formidables, des massues et des pics de bois dur, des arcs et des traits. La forme de leurs massues, de 1 mètre à 1 mètre 67 centimètres de long, varie beaucoup. Leurs arcs et leurs traits sont assez mauvais ; les premiers sont très minces, et les seconds d'un faible roseau garni d'un bois dur à la pointe. Quelques-unes de leurs piques ont plusieurs barbes, et elles doivent être fort dangereuses quand elles portent coup.

Ils observent un singulier usage : ils mettent sur leur tête tout ce qu'on leur donne. Nous pensâmes que c'est une manière de remercier. On les exerce à cette politesse dès l'enfance, car, lorsque nous offrions quelque chose aux petits enfants, la mère élevait la main de l'enfant au-dessus de sa tête. Ils suivaient même cette coutume dans leurs échanges avec nous ; ils portaient toujours à leur tête tout ce que nous leur vendions, comme si nous le leur avions accordé pour rien. Quelquefois ils examinaient nos marchandises, et ils les rendaient, si elles ne leur convenaient pas ; mais quand ils les portaient à leur tête, le marché était irrévocablement conclu.

Les ornements communs aux deux sexes sont des amulettes, des colliers et des bracelets d'os, de coquillages, de nacre de perle, d'écaille de tortue, etc. Les femmes mettent d'ailleurs à leurs doigts des anneaux d'écaille très bien faits, et à leurs oreilles des rouleaux de la même matière, de la grosseur d'une petite plume ; quoiqu'elles aient toutes les oreilles percées, en général elles y portent peu de pendants. Elles se parent aussi quelquefois d'un tablier fait des fibres intérieures de la coque de coco, et parsemé d'un certain nombre de petits morceaux d'étoffe joints ensemble, de manière qu'ils forment des étoiles, des demi-lunes, des carrés, etc. Il est en outre garni de coquillages et couvert de plumes rouges ; il produit un effet agréable. Ils fabriquent la même étoffe et de la même manière qu'à Taïti, quoiqu'ils n'en aient pas autant d'espèces différentes, et qu'elles ne soient pas si fines ; mais leur méthode de la vernir est plus durable et elle résiste quelque temps à la pluie, avantage que n'a pas celle de Taïti. Ils la teignent en noir-brun, pourpre, jaune et rouge ; ils tirent leurs couleurs des végétaux. Ils font différentes nattes : les unes d'une très belle texture, dont ils se vêtent communément ; d'autres plus grossières et plus épaisses, sur lesquelles ils se couchent, et qu'ils emploient à la voilure de leurs pirogues ; etc. Au nombre de leurs meubles utiles ils faut compter les paniers, les uns de la même matière que leurs nattes, et d'autres de fibres de cocos entrelacées. Ils s'usent peu et sont très beaux, ordinairement de diverses couleurs, et embellis de coquillages ou d'ossements. Leurs ouvrages montrent qu'ils ont du goût pour le dessin, et qu'ils ont l'adresse d'exécuter tout ce qu'ils entreprennent.

LES MÈRES DE LA NOUVELLE-ZÉLANDE.

« Je fus témoin, dit un compagnon de Cook, d'un fait qui prouve la férocité des mœurs de cette nation sauvage. Un petit garçon d'environ six ou sept ans demanda un morceau de pingoin grillé que sa mère tenait à la main ; comme elle ne le lui accorda pas tout de suite, il prit une grosse pierre qu'il lui jeta à la tête. La femme se mit en colère et courut pour le châtier ; mais dès qu'elle lui eut donné le premier coup, son mari s'avança, la battit impitoyablement, la renversa à terre et la foula aux pieds, parce qu'elle avait voulu punir un enfant dénaturé. Ceux de nos gens qui remplissaient les futailles dirent à mon père qu'ils voyaient souvent de pareils exemples de cruauté, et surtout des fils qui battaient leur mère, tandis que le père la guettait pour la battre si elle entreprenait de se défendre ou de châtier son enfant. Le sexe le plus faible est maltraité chez toutes les nations sauvages ; on n'y connaît d'autre loi que celle du plus fort. Les femmes sont des esclaves qui font tous les travaux, et sur lesquelles se déploie toute la sévérité du mari. Il semble que les Zélandais portent cette tyrannie à l'excès. On apprend aux garçons, dès leur bas-âge, à mépriser leur mère. » Que les femmes bénissent donc cette religion qui les a réhabilitées, et les a véritablement rendues compagnes de l'homme. Partout où la vierge Marie n'a pas d'autels, on est sûr de trouver le sexe condamné au malheur, à la peine, à l'avilissement !

HABITANTS DE LA TERRE-DE-FEU.

La Terre-de-Feu, dit Cook, offre l'aspect le plus sauvage, le plus désolé que j'aie jamais vu. Elle semble entièrement composée de rochers et de montagnes, sans la moindre apparence de végétation. Ces montagnes se terminent par des précipices horribles, dont les bords escarpés s'élèvent à une hauteur prodigieuse. Les montagnes de l'intérieur étaient couvertes de neige ; celles de la côte en étaient dégagées. Nous jugeâmes que les premières appartenaient au corps de la Terre-de-Feu, et que les autres étaient des iles rangées de manière à présenter l'apparence d'une côte continue.

Les habitants sont petits, laids et très maigres ; ils ont les yeux fort petits et sans expression, les cheveux noirs et lisses flottant en désordre et barbouillés d'huile. Ils n'avaient sur le menton que quelques poils clair-semés, et leur nez répandait continuellement du *mucus* dans leur bouche ouverte : toute leur figure annonçait la misère et la saleté la plus horrible. Leurs épaules et leur estomac sont larges et osseux, et le reste de leur corps si mince et si grêle qu'en voyant séparément ces différentes parties nous ne pouvions croire qu'elles appartinssent à la même personne ; leurs jambes étaient arquées, et leurs genoux d'une largeur disproportionnée. Je n'en ai pas vu un seul de grand. Ils étaient presque nus ; une peau de phoque leur servait de vêtement ; quelques-uns en portaient deux ou trois consues ensemble, de manière qu'elles formaient un manteau qui descendait jusqu'au genou ; mais la plupart n'en avaient qu'une seule, assez large pour couvrir leurs épaules. Les femmes sont vêtues comme les hommes.

Je remarquai de loin que les femmes avaient autour de leur cou un grand nombre de coquillages suspendus à un cordon de cuir, et que leur tête était couverte d'une espèce de bonnet composé de grandes plumes d'oies blanches, placées toutes droites ; de sorte que cette parure réssemblait aux fontanges françaises du dernier siècle. Leur teint naturel paraissait être d'un brun olivâtre, bariolé de raies de peinture rouge et quelquefois blanche. J'observai deux enfants à la mamelle entièrement nus : par là on les endurcit dès leur naissance à la fatigue et au froid. Les enfants ne prononçaient guère que le mot *pecherei*, que nous prîmes quelquefois pour un terme de tendresse, et d'autres fois pour une expression de malaise ou de douleur. Ces Indiens avaient des arcs, des traits et des dards, ou plutôt des harpons d'os placés au bout d'un bâton. Je crois qu'avec ces armes ils tuent des phoques, des poissons, et peut-être aussi des baleines, comme le font les Esquimaux.

Leurs pirogues étaient très grossières et d'écorce d'arbre ; de petits bâtons servaient à maintenir la courbure de l'écorce. Leurs pagaies étaient mauvaises , et ils manœuvraient fort lentement.

Chaque canot contenait de cinq à huit personnes, y compris les enfants. Bien différents de tous les insulaires du Grand-Océan, ils gardaient un profond silence en approchant du vaisseau. Ceux qui montèrent à bord ne parurent charmés de rien ; ils acceptèrent des grains de verroterie sans reconnaissance et sans y mettre aucun prix ; ils nous abandonnèrent avec la même indifférence leurs armes et leurs peaux de phoques déchirées. Ils ne semblaient pas même remarquer notre supériorité sur eux, et nous ne surprimes pas dans leurs regards ni leurs gestes un seul signe d'admiration à la vue de tous les objets que contient un vaisseau, toujours merveilleux aux yeux des sauvages. Tout en eux annonçait la stupidité et l'insouciance. Nous leur fimes en vain les gestes que les plus misérables insulaires du Grand-Océan avaient aisément compris. Ils ne montrèrent pas la moindre envie de nous instruire de leur langage , et comme aucune de nos richesses n'excitait leurs désirs, ils ne prenaient pas de peine pour se faire comprendre. Ces sauvages , en mangeant la chair de phoque pourrie , préféraient la partie huileuse, et la seule attention qu'ils eurent pour les matelots fut de leur en offrir. Tous les peuples des hautes latitudes aiment cette huile par instinct ; on dit qu'elle réchauffe leur corps contre la rigueur du froid. Les vêtements, les armes , les ornements, les ustensiles et tout le corps de ces sauvages exhalaient une puanteur si insupportable que nous ne pouvions demeurer longtemps parmi eux : les yeux fermés nous les sentions à une distance considérable.

Nous n'avons remarqué aucune espèce de subordination parmi ces sauvages : leur vie approche plus de celle des brutes que de celle d'aucune autre nation. Il est très probable que ce sont de malheureux proscrits de quelque tribu voisine qui mènent une vie plus douce , et que , réduits à vivre dans cette partie sauvage de la Terre-de-Feu, ils ont insensiblement perdu toutes leurs idées, excepté celles que renouvellent sans cesse les besoins les plus pressants. Ils errent peut-être cherchant de la nourriture d'une baie ou d'un golfe à l'autre, car nous avons lieu de croire qu'ils passent leur hiver dans le canton le moins rigoureux de cet horrible pays.

Ils se retirèrent tous avant dîner, et ne partagèrent pas notre régal de Noël. Je crois que personne ne les y invita, car leur saleté et leur puanteur suffiraient pour ôter l'appétit à l'Européen le plus vorace.

HUTTES ET VILLAGES DANS LA NOUVELLE-ZÉLANDE.

Un grand nombre de familles, dit Cook, arrivèrent de différentes parties de la côte, et s'établirent près de nous. Excepté l'espace que renfermait notre petit camp, tous les terrains de cette anse où l'on pouvait dresser une hutte se trouvèrent occupés. Ils ne nous disputèrent point celui que nous avions pris; mais ils vinrent y enlever les débris de quelques vieilles cabanes, et ils se servaient des matériaux pour en construire de nouvelles.

On est étonné de la promptitude avec laquelle ils construisent ces huttes. J'en ai vu élever plus de vingt sur un espace qui une heure auparavant était couvert d'arbrisseaux et de plantes. Ils apportent ordinairement avec eux une partie des matériaux, et ils trouvent le reste sur les terrains qu'ils choisissent. J'ai assisté au débarquement d'une petite peuplade, et à la construction d'un de ces villages. Au moment où les pirogues atteignirent le rivage, les hommes sautèrent à terre, ils se mirent en possession du terrain en arrangeant les arbres et les arbrisseaux, et en dressant une partie de la charpente des huttes, sans perdre une minute. Ils retournèrent ensuite à leurs pirogues, ils débarquèrent leurs armes et ils les posèrent contre un arbre, ou bien ils les placèrent de manière à pouvoir les saisir dans un instant. J'observai qu'aucun d'eux ne négligea cette précaution.

Tandis que les hommes construisaient les cabanes, les femmes ne demeuraient pas oisives : quelques-unes veillaient sur les pirogues, d'autres sur les provisions et le petit nombre de leurs ustensiles ; d'autres rassemblaient du bois sec pour faire du feu et préparer le dîner. Les enfants et les vieillards furent assez occupés pendant ce temps ; je leur jetai des grains de verroterie et toutes les bagatelles que j'avais dans mes poches ; le plus adroit les ramassait, et ce petit jeu les divertit beaucoup.

Ces huttes passagères les garantissent très bien du vent et de la pluie : c'est ce qu'ils veulent. Je remarquai qu'en général, et peut-être toujours, la même tribu ou famille, quelque nombreuse qu'elle soit, s'associe et élève des cabanes communes. Aussi avons-nous vu fréquemment leurs villages, ainsi que celles de leurs bourgades qui se trouvent les plus étendues, partagées en différents quartiers par des palissades de peu de hauteur et par des barrières.

VENGEANCES DANS LA NOUVELLE-ZÉLANDE.

Les habitants de la Nouvelle-Zélande vivent dans des transes continuelles. La plupart des tribus croient avoir essuyé des injustices et des outrages de leurs voisins ; elles épient sans cesse l'occasion de se venger. Ces sauvages aiment beaucoup à manger la chair de leurs ennemis tués dans les batailles, et le désir de cet abominable repas est peut-être une des principales causes de leur ardeur dans les combats. On m'a dit qu'ils attendent quelquefois bien des années un moment favorable, et qu'un fils ne perd jamais de vue l'injure faite à son père. Pour exécuter leur horrible dessein, ils se glissent pendant les ténèbres au milieu de leurs ennemis ; s'ils les surprennent, ce qui, je crois, arrive peu, ils leur donnent la mort à tous, et n'épargnent pas même les femmes et les enfants. Lorsque le massacre est achevé, ils mangent les vaincus sur le lieu même où s'est passée la boucherie, ou bien ils emportent autant de cadavres qu'ils le peuvent, et ils s'en régalent ensuite chez eux avec une brutalité trop dégoûtante pour la décrire ici. S'ils sont découverts avant d'avoir exécuté leur sanguinaire projet, ils s'enfuient ordinairement. Alors on les poursuit, et on les attaque quelquefois à leur tour. Ils ne connaissent point cette modération qui donne quartier, ou qui fait des prisonniers ; en sorte que les vaincus ne peuvent mettre leurs jours à couvert que par la fuite.

Cet état perpétuel de guerre, et cette manière de la conduire, si destructive de la population, les rend très vigilants, et il est rare de rencontrer, le jour ou la nuit, un Zélandais qui ne soit pas sur ses gardes. Il est impossible de rien ajouter aux motifs qui excitent leur vigilance. La conservation de leur vie et leur bonheur dans l'autre monde en dépendent : car, selon leur système religieux, l'âme de l'homme dont le corps est mangé par l'ennemi est condamné au feu éternel, tandis que les âmes dont les corps ont été arrachés des mains des meurtriers, ainsi que les âmes de ceux qui meurent de mort naturelle, vont habiter avec les dieux. Je leur demandai s'ils mangeaient ceux de leurs amis qui étaient tués à la guerre, mais dont les corps ne tombaient pas au pouvoir de l'ennemi. Ils me répondirent que non, et parurent étonnés de ma question; ils témoignèrent même une sorte d'horreur pour l'idée qu'elle présentait. Ils enterrent communément leurs morts; mais, s'ils ont tué plus d'ennemis qu'ils ne peuvent en manger, ils les jettent à la mer.

COMBATS A HAPPAI. — FEMMES.

Des guerriers, armés de massues de cocotier, pénétrèrent dans l'enceinte, et défilèrent devant nous. Après avoir fait des évolutions durant quelques minutes, ils se retirèrent la moitié d'un côté et le reste de l'autre, et ils s'assirent. Ils entrèrent bientôt en lice, et ils nous donnèrent le spectacle de plusieurs combats singuliers. Un champion se levait, il s'avançait fièrement, et par des gestes expressifs, plutôt qu'avec des paroles, il proposait un défi à la troupe opposée. Si l'on acceptait le cartel, ce qui arrivait ordinairement, les deux champions se mettaient en attitude de combattre, et ils se chargeaient mutuellement jusqu'à ce que l'un ou l'autre avouât sa défaite, ou jusqu'à ce que leurs armes fussent brisées. A la fin de ces combats, le vainqueur venait s'accroupir devant le chef; il se relevait ensuite, et s'éloignait. Sur ces entrefaites, quelques vieillards qui paraissaient les juges du camp lui donnaient des éloges en peu de mots, et les spectateurs, surtout ceux qui étaient du côté du vainqueur, célébraient sa victoire par deux ou trois exclamations de joie.

Il y eut de temps en temps quelques minutes d'intervalle d'un combat à l'autre. Ces entr'actes furent remplis par des combats de lutte et de pugilat. Les premiers ressemblaient entièrement à ceux de Taïti, et les seconds différaient peu de ceux de la populace d'Angleterre. Ce qui nous étonna le plus fut de voir deux grosses femmes arriver au milieu de la lice, et se charger à coup de poing, sans aucune cérémonie, avec autant d'adresse que les hommes. Leur combat ne dura pas plus d'une demi-minute, et l'une d'elles s'avoua vaincue. L'héroïne victorieuse reçut de l'assemblée les applaudissements qu'on donnait aux hommes dont la force ou la souplesse avaient triomphé de leur rival. Nous témoignâmes du dégoût pour cette partie de la fête; mais notre improbation n'empêcha pas deux jeunes filles de se présenter sur l'arène; elles paraissaient avoir du courage, et elles se seraient sûrement porté des coups vigoureux, si deux vieilles femmes n'étaient venues les séparer. Ces divers combats eurent lieu en présence au moins de trois mille personnes, et les champions montrèrent beaucoup de bonne humeur : cependant hommes et femmes reçurent des coups dont ils durent se ressentir longtemps.

OUTILS ET INDUSTRIE DES HABITANTS DE L'ILE DES AMIS.

Des haches d'une terre noire et polie qu'on trouve en abondance à Toufoua, des dents de requin fixées sur de petits manches qui tiennent lieu de tarière, des limes composées de la peau grossière d'une espèce de poisson, attachées à des morceaux de bois aplatis plus minces d'un côté que de l'autre, et garnies aussi d'un manche, sont les seuls outils dont ils se servent pour construire leurs pirogues. Ces embarcations, qui sont les plus parfaits de leurs ouvrages mécaniques, leur coûtent beaucoup de temps et de travail, et on ne doit pas s'étonner s'ils en prennent tant de soin. Ils les construisent et ils les gardent sous des hangars, et, lorsqu'ils les laissent sur la côte, ils en couvrent le pont de feuilles de cocotier, afin de les garantir du soleil.

Si j'en excepte diverses coquilles qui tiennent lieu de couteaux, ils n'emploient jamais d'autres outils. Au reste, ils ne doivent sentir la faiblesse et l'incommodité de leurs instruments que dans la construction des pirogues ou la fabrique de quelques-unes de leurs armes, car ils ne font guère d'ailleurs que des instruments de pêche et des cordages.

Ils tirent leurs cordages des fibres du coco. Ces fibres n'ont que 30 centimètres de long ; mais ils les joignent l'une à l'autre en les tressant. Ils en font aussi des ficelles de l'épaisseur d'une plume, et d'une très grande longueur, qu'ils roulent en pelotes ; puis ils en tordent plusieurs ensemble pour faire de gros cordages. Leurs lignes de pêche sont aussi fortes et aussi unies que les meilleures des nôtres. De grands et de petits hameçons forment le reste de leur attirail de pêche ; les derniers sont en entier de nacre de perle, mais les premiers en sont seulement recouverts. La pointe des uns et des autres est ordinairement d'écaille de tortue ; celle des petits est simple et celle des grands barbelée. Ils prennent avec les grands des bonites et des thons : pour cela ils adaptent à un roseau de bambou de 3 à 4 mètres de long l'hameçon suspendu à une ligne de la même longueur ; le bambou est assujéti par une pièce de bois entaillée, posée à l'arrière de la pirogue, et, à mesure que l'embarcation s'avance, elle traîne sur la surface de la mer, sans autre appât qu'une touffe d'une espèce d'étoupe qui se trouve près de la pointe. Ils possèdent aussi un grand nombre de petites sennes, dont quelques-unes sont d'une texture très délicate ; ils s'en servent pour pêcher dans les trous des récifs au moment du reflux.

Les autres ouvrages mécaniques sont surtout des flûtes de roseau composées, des flûtes simples, des armes de guerre, et ces escabelles qui leur tiennent lieu de coussins. Les armes qu'ils fabriquent sont des massues de différentes espèces, dont la sculpture prend beaucoup de temps, des piques et des dards. Ils ont des arcs et des flèches qui semblent destinés seulement à leurs plaisirs, à la chasse des oiseaux, par exemple, et non pas à tuer leurs ennemis.

CROYANCE DES HABITANTS DES ILES DE LA SOCIÉTÉ.

Le système religieux de ces îles est fort étendu et singulier sur un grand nombre de points; mais peu d'individus du bas peuple le connaissent parfaitement; cette connaissance se trouve surtout parmi les prêtres, dont la classe est très nombreuse. Ils croient qu'il existe plusieurs dieux, dont chacun est très puissant; mais ils ne paraissent pas admettre une divinité supérieure aux autres. Les différents cantons et les diverses îles des environs ayant des dieux divers, les habitants de chacun de ces cantons et de chacune de ces terres imaginent sans doute avoir choisi le plus respectable, ou du moins une divinité revêtue d'assez de pouvoir pour les protéger et pour fournir à tous leurs besoins. Si ce dieu ne satisfait pas leurs espérances, ils ne pensent pas qu'il soit impie d'en changer. C'est ce qui est arrivé dernièrement à Tierrébou, où l'on a substitué aux deux divinités anciennes Oraa, dieu de Bolabola, peut-être parce qu'il est le protecteur d'un peuple qui a été triomphant à la guerre; et comme depuis cette époque ils ont eu des succès contre les habitants de Taïti-noué, ils attribuent leurs victoires à Oraa, qui, selon leur expression, combat pour eux.

Ils servent leurs dieux avec une assiduité remarquable. Outre que les grands ouhattas, c'est-à-dire les endroits des moraï (temples) où l'on dépose les offrandes, sont ordinairement chargés d'animaux et de fruits, on rencontre peu de maisons qui n'en aient pas un petit dans leur voisinage. Les habitants des îles de la Société sont sur ces matières d'une rigidité si scrupuleuse qu'ils ne commencent jamais un repas sans mettre de côté un morceau pour l'éatoua (leur dieu). Le sacrifice humain dont nous avons été témoins durant ce voyage montre assez jusqu'où ils portent leur zèle religieux et leur fanatisme. Il paraît sûr que les sacrifices humains reviennent fréquemment. Ils ont peut-être recours à cet expédient abominable quand ils éprouvent des contre-temps fâcheux, car ils nous demandèrent si l'un de nos gens, détenu en prison à l'époque où nous nous trouvions arrêtés par des vents contraires, était méchant.

Les prières sont aussi très fréquentes; ils les chantent à peu près sur le même ton que les ballades de leurs jeux. On aperçoit encore l'infériorité des femmes dans les pratiques religieuses : on les oblige à se découvrir en partie lorsqu'elles passent devant les moraïs, ou à faire un long détour pour éviter les lieux destinés au culte public. Quoiqu'ils ne croient pas que leur dieu doive toujours leur accorder des biens, sans jamais les oublier, et sans permettre qu'il leur arrive du mal, cependant, lorsqu'ils essuient des malheurs, ils semblent y voir les effets d'un être malfaisant qui veut leur nuire. Ils disent qu'Eti est un esprit malfaisant qui leur fait quelquefois du mal; ils lui présentent des offrandes, ainsi qu'à leur dieu; mais ce qu'ils redoutent des êtres invisibles se borne à des choses purement temporelles.

Ils croient que l'âme est immatérielle et immortelle; ils disent qu'elle voltige autour des lèvres du mourant pendant la dernière agonie, et qu'elle monte ensuite auprès du dieu, qui la réunit à sa propre substance, ou, selon leur expression, qui la mange; qu'elle demeure quelque temps dans cet état; qu'elle passe ensuite au lieu destiné à la réception de toutes les âmes humaines; qu'elle y vit au milieu d'une nuit éternelle; ou, comme ils le disent quelquefois, au milieu d'un crépuscule qui ne finit jamais. Ils ne pensent pas que les crimes commis sur la terre subissent après la mort un châtiment éternel, car le dieu mange indifféremment les âmes des bons et celles des méchants. Mais il est sûr qu'ils regardent cette réunion à la divinité comme une purification nécessaire pour arriver à l'état de bonheur. En effet, selon leur doctrine, si un homme s'impose des privations quelques mois avant de mourir, il passe tout de suite dans sa demeure éternelle, sans avoir besoin de cette union préliminaire; ils imaginent qu'il est assez purifié par cette abstinence et affranchi de la loi générale.

Toutefois ils sont loin de se former sur le bonheur de l'autre vie les idées sublimes que nous offre notre religion, et même notre raison. L'immortalité est le seul privilége important qu'ils semblent espérer : car, s'ils croient les âmes dépouillées de quelques-unes des passions qui les animaient tandis qu'elles se trouvaient réunies au corps, ils ne supposent pas qu'elles en soient absolument affranchies. Aussi les âmes qui ont été ennemies sur la terre se livrent-elles des combats lorsqu'elles se rencontrent; mais il paraît que ces démêlés n'aboutissent à rien, puisqu'elles sont réputées invulnérables. Ils ont la même idée de la rencontre d'un homme et d'une femme. Si le mari meurt le premier, il reconnaît l'âme de son épouse dès le moment où elle arrive dans la terre des esprits ; il se fait reconnaître dans une maison spacieuse appelée *Taourova*, où se rassemblent les âmes des morts pour se divertir avec les dieux. Les deux époux vont ensuite occuper une habitation séparée, où ils demeurent à jamais au milieu de leur famille qu'ils ne cessent d'augmenter.

» Leurs idées sur la divinité sont d'une extravagance absurde. Ils la croient soumise au pouvoir de ces mêmes esprits à qui elle a donné l'être. Ils imaginent que ces esprits la mangent souvent; mais ils lui supposent la faculté de se reproduire. Ils emploient sans doute ici l'expression de *manger* parce qu'ils ne peuvent parler des choses immatérielles sans recourir à des objets matériels. Ils ajoutent que la divinité demande aux esprits assemblés dans le taourova s'ils ont le projet de la détruire; que, si les esprits ont pris cette résolution, elle ne peut la changer. Les habitants de la terre se croient instruits de ce qui se passe dans la région des esprits ; car à l'époque où la lune est dans son déclin ils disent que les esprits mangent leur éatoua, et que la reproduction de l'éatoua avance lorsque la lune est dans son plein. Les dieux les plus puissants sont sujets à cet accident, ainsi que les divinités subalternes. Ils pensent aussi qu'il y a d'autres endroits destinés à recevoir les âmes après la mort. Ceux, par exemple, qui se noient dans la mer y demeurent au sein des flots ; ils y trouvent un beau pays, des maisons, et tout ce qui peut les rendre heureux. Ils soutiennent de plus que tous les animaux, que les arbres, les fruits et même les pierres ont des âmes, qui, à l'instant de la mort ou de la dissolution, montent auprès de la divinité, à laquelle ces substances s'incorporent d'abord, pour passer ensuite dans la demeure particulière qui leur est destinée.

» Ils sont persuadés que la pratique exacte de leurs devoirs religieux leur procure toutes sortes d'avantages temporels ; et comme ils assurent que l'action puissante et vivifiante de l'esprit de Dieu est répandue partout, on ne doit pas s'étonner s'ils ont une foule d'idées superstitieuses sur ses opérations. Ils disent que les morts subites, et tous les autres accidents, sont l'effet de l'action immédiate de quelque divinité. Si un homme se heurte contre une pierre, et se blesse l'orteil, ils attribuent la meurtrissure à l'éatoua ; en sorte que, selon leur mythologie, ils marchent réellement sur une terre enchantée. Ils tressaillent pendant la nuit lorsqu'ils approchent d'un toupapaou, où sont exposés les morts, ainsi que les hommes ignorants et superstitieux de nos contrées de l'Europe redoutent les esprits à la vue d'un cimetière. Ils croient aussi aux songes, qu'ils prennent pour des avis de leur dieu ou des esprits de leurs amis défunts, et ils supposent le don de prédire l'avenir à ceux qui ont des rêves ; au reste, ils n'attribuent qu'à quelques personnes ce don de prophétie. Un des chefs prétendait l'avoir : il nous dit, le 26 juillet 1776, que l'âme de son père l'avait averti en songe qu'il descendrait à terre dans trois jours ; mais il échoua dans cette tentative de prophétiser, car nous n'arrivâmes à Ténériffe que le 1er août. La réputation de ceux qui ont des songes approche beaucoup de celle de leurs prêtres inspirés, auxquels ils ajoutent une foi aveugle, et dont ils suivent les décisions toutes les fois qu'ils forment un projet important. Ils adoptent de plus à quelques égards notre vieille doctrine de l'influence des planètes ; du moins ils règlent, en certains cas, leurs délibérations publiques sur les aspects de la lune ; par exemple, ils entreprennent une guerre et ils comptent sur des succès lorsque cette planète est couchée horizontalement ou fort inclinée sur sa partie convexe après son renouvellement.

» Leurs traditions sur la création de l'univers sont embrouillées, obscures et extravagantes, comme on l'imagine bien. Ils disent qu'une déesse, ayant un bloc ou une masse de terre suspendue à une corde, la lança loin d'elle, et en dispersa des morceaux, tels que Taïti et les îles voisines, dont les divers habitants viennent d'un homme et d'une femme établis à Taïti. Il ne s'agit cependant que de la création immédiate de leur pays, car ils admettent une création universelle antérieure à celle-ci, et croient à l'existence de plusieurs terres qu'ils ne connaissent que par tradition ; mais leurs idées s'arrêtent à Tatouma et Tapeppa, pierres et rochers mâles et femelles qui forment le noyau du globe, ou qui soutiennent l'assemblage de terre et d'eau jeté à sa surface. Tatouma et Tapeppa produisirent Totorro, qui fut tué et décomposé en terre, et ensuite O-taïa et Orou, qui s'épousèrent et qui donnèrent d'abord naissance à une terre, et ensuite à une race de dieux. O taïa fut tué, et Orou, qui était de l'espèce femelle, épousa un dieu son fils appelé Tirraa, à qui elle ordonna de créer de nouvelles terres, les animaux et les différentes espèces d'aliments qu'on trouve sur le globe, ainsi que le firmament, soutenu par des hommes appelés *tiferei*. Les taches qu'on observe dans la lune sont à leurs yeux des bocages d'une sorte d'arbres, etc., etc. »

COSTUME DES HABITANTS DU PORT DU ROI-GEORGES.

« Quoique leur corps soit toujours couvert d'une peinture rouge, ils se barbouillent fréquemment le visage d'une substance noire, rouge et blanche, afin que leur figure produise plus d'effet. Quand ils ont cette dernière enluminure, leur mine est pâle, affreuse et repoussante. Ils parsèment cette peinture d'un mica brun qui la rend plus éclatante. Le lobe des oreilles de la plupart d'entre eux est percé d'un assez grand trou et de deux autres plus petits ; ils y suspendent des morceaux d'os, des plumes montées sur une bande de cuir, des petits coquillages, des faisceaux de cuivre, que nos grains de verroterie ne purent jamais supplanter. La cloison du nez de plusieurs offre un trou dans lequel ils passent une petite corde ; d'autres y placent des morceaux de fer, de laiton ou de cuivre, qui ont à peu près la forme d'un fer à cheval, mais dont l'ouverture est si étroite que ses deux extrémités pressent doucement la cloison du nez. Cet ornement tombe ainsi sur la lèvre supérieure. Ils employaient à cet usage les anneaux de nos boutons de cuivre, qu'ils achetaient avec empressement.

» Leurs poignets sont garnis de bracelets ou de cordons de grains blancs, qu'ils tirent d'une espèce de coquillage, de petites lanières de cuir ornées de glands, ou d'un large bracelet d'une seule pièce, et d'une matière noire et luisante de la nature de la corne. La cheville de leurs pieds est souvent couverte d'une multitude de petites bandes de cuir et de nerfs d'animaux qui la grossissent beaucoup.

» Tel est leur vêtement et leur parure de tous les jours ; mais ils ont des habits et des ornements qu'ils semblent réserver pour les occasions extraordinaires : ils les mettent lorsqu'ils font des visites de cérémonie, et lorsqu'ils vont à la guerre. Ils ont, par exemple, des peaux de loup ou d'ours qui s'attachent sur le corps de la même manière que leur habit accoutumé ; elles sont garnies de bandes de fourrures ou des lambeaux de l'étoffe de laine qu'ils fabriquent eux-mêmes ; la garniture offre divers dessins assez agréables. Ils les portent séparément, ou par-dessus leurs autres habits. Lorsqu'ils les portent séparément, l'ajustement de leur tête le plus commun est composé d'osier ou d'écorce à demi battue, leur chevelure est ornée en même temps de larges plumes, et en particulier de plumes d'aigle, ou bien elle est entièrement couverte de petites plumes blanches. Leur visage est peint de toutes sortes de façons ; les parties supérieures et les parties inférieures offrent différentes couleurs qu'on prendrait pour autant de balafres récentes, ou bien il est barbouillé d'une espèce de suif mêlé avec de la peinture appliquée sur la peau, de manière qu'elle forme un grand nombre de figures régulières, et qu'elle ressemble à un ouvrage de sculpture. Quelquefois encore leur chevelure est divisée en petits paquets attachés avec un fil, et séparés aux extrémités par des intervalles d'environ deux pouces ; plusieurs la lient par derrière, selon notre usage, et ils y placent des rameaux de cyprès blanc.

» Cet attirail leur donne une mine vraiment sauvage et grotesque ; elle devient plus bizarre encore et plus terrible lorsqu'ils prennent ce que l'on peut appeler leur équipage monstrueux. Cet équipage monstrueux est composé de casques de bois sculpté qui se posent sur le visage où sur la partie supérieure de la tête ou du front : les uns représentent une tête d'homme, et on y remarque des cheveux, de la barbe, des sourcils ; d'autres représentent des têtes d'oiseaux, et en particulier des aigles et des quebrantahuessos, et beaucoup d'animaux terrestres ou marins, tels que des loups, des aigles, des marsouins, etc. En général ces figures sont de grandeur plus que naturelle ; elles sont peintes, et souvent parsemées de morceaux de mica feuilleté qui leur donnent de l'éclat, et qui en augmentent la difformité. Ce n'est pas tout : ils attachent sur la même partie de la tête de gros morceaux de sculpture qui ressemblent à la proue d'une pirogue, lesquels sont peints de la même manière, et se projettent en saillie à une distance considérable. Ils sont si passionnés pour ces déguisements qu'un des sauvages, qui n'avait point de masque, mit sa tête dans un chaudron d'étain que nous venions de lui donner.

J'ignore si la religion entre pour quelque chose dans cette mascarade extravagante, s'ils l'emploient dans leurs fêtes, ou pour intimider les ennemis par leur aspect effrayant lorsqu'ils marchent au combat, ou enfin si c'est un moyen d'attirer les animaux quand ils vont à la chasse ; mais on peut conclure que, si quelques voyageurs avaient rencontré un certain nombre d'Indiens ainsi équipés, et s'ils ne les avaient pas examinés avec attention, ils n'auraient pas omis d'essayer de faire croire aux autres qu'il existait une race d'êtres tenant de la nature de la bête et de celle de l'homme ; ils se seraient trompés d'autant plus aisément que, outre des des têtes d'animaux sur des épaules d'homme, ils auraient vu les corps entiers de ces espèces de monstres couverts de peaux de quadrupèdes. »

NATURELS DU PORT DE NOUTKA.

« La malpropreté et la puanteur de leurs habitations égalent au moins le désordre qu'on y remarque ; ils y sèchent, ils y vident leurs poissons, dont les entrailles, mêlées aux os et aux débris qui sont la suite des repas et à d'autres ordures, offrent des tas de saletés qui, je crois, ne s'enlèvent jamais, à moins que, devenus trop volumineux, ils n'empêchent de marcher. En un mot, leurs cabanes sont aussi sales que des étables de cochons ; on respire partout, dans les environs, une odeur de poisson, d'huile et de fumée.

» Malgré ce désordre et ces ordures, la plupart des maisons sont ornées de mauvaises statues. Ce sont tout uniment des troncs de gros arbres, de 2 mètres 16 centimètres de hauteur, dressés séparément ou par couples, à l'extrémité supérieure de la cabane. Le haut représente un visage d'homme ; les bras et les mains se trouvent taillés dans les côtés et peints de différentes couleurs ; l'ensemble offre une figure vraiment monstrueuse. Ils appelaient ces statues du nom général de *klumma*, et de celui de *matchkoa* et de *matsita* deux d'entre elles qui étaient en face l'une de l'autre, à la distance de 1 mètre, et que nous vimes dans l'une des maisons. Nous pensâmes assez naturellement qu'elles représentent leurs dieux, ou qu'elles ont rapport à leur religion ou aux superstitions du pays. Au reste, nous eûmes des preuves du peu de cas qu'ils en font, car avec une très petite quantité de fer ou de cuivre j'aurais pu acheter tous les dieux du village, si toutefois les statues dont je parle étaient des dieux. On me proposa d'acheter chacune de celles que je vis, et j'en achetai en effet deux ou trois petites.

» Après avoir dessiné une vue générale de leurs habitations, je voulus dessiner aussi l'intérieur de l'une des cabanes, afin d'avoir assez de matériaux pour donner une idée parfaite de la manière de vivre des naturels du port de Noutka. Je ne tardai pas à en découvrir une propre à mon objet. Tandis que je m'occupais de ce travail, un homme s'approcha de moi tenant un grand couteau à la main. Il parut fâché lorsqu'il vit mes yeux fixés sur deux satues d'une proportion gigantesque, peintes à la manière du pays, et placées à une extrémité de l'appartement. Comme je fis peu d'attention à lui, et que je continuai mon ouvrage, il alla tout de suite chercher une natte, qu'il plaça de manière à m'ôter la vue des statues. Etant à peu près sûr que je ne trouverais plus une occasion d'achever mon dessin, et mon projet ayant quelque chose de trop intéressant pour y renoncer, je crus devoir acheter la complaisance de cet homme. Je lui offris un des boutons de mon habit : ce bouton était de métal, et je pensai qu'il serait bien aise de l'avoir. Mon bouton produisit l'effet que j'en espérais, car le sauvage enleva la natte, et il me permit de reprendre mes crayons. J'eus à peine tiré quelques traits qu'il revint couvrir de nouveau les statues avec sa natte. Il répéta sa manœuvre jusqu'à ce que je lui eusse donné un à un tous mes boutons, et lorsqu'il s'aperçut qu'il m'avait complétement dépouillé, il ne s'opposa plus à ce que je désirais.

» La pêche et la chasse des animaux de terre et de mer destinés à la subsistance des familles, paraissent être la principale occupation des hommes, car nous ne les vîmes jamais travailler dans l'intérieur des maisons. Les femmes, au contraire, y fabriquaient des vêtements de lin ou de laine, et elles y préparaient des sardines ; elles les y apportaient aussi du rivage, dans des paniers d'osier, lorsque les hommes les ont déposées sur la grève, au retour de la pêche.

» Il paraît qu'ils passent une grande partie du temps dans leurs pirogues ; du moins durant l'été, car nous observâmes que non-seulement ils y mangent et ils y couchent, mais qu'ils s'y dépouillent de leurs habits, et qu'ils s'y vautrent au soleil, ainsi que nous les avions vus se vautrer nus au milieu de leurs bourgades. Leurs grandes pirogues sont assez spacieuses pour cela, parfaitement sèches, et lorsqu'ils s'y font un abri avec des peaux, et qu'il ne pleut pas, ils y sont beaucoup mieux que dans leurs maisons.

» Ils se nourrissent de tous les animaux et de tous les végétaux qu'ils peuvent se procurer ; mais la portion des subsistances qu'ils tirent du règne animal est beaucoup plus considérable que celle qu'ils tirent du règne végétal. La mer, qui leur fournit des poissons, des moules, des coquillages plus petits, et des quadrupèdes marins, est leur plus grande ressource. Ils ont surtout des harengs et des sardines, deux espèces de brême, et de la petite morue. Ils mangent les harengs et les sardines quand ces poissons sont frais ; ils en font de plus une provision de réserve, et, après les avoir séchés et fumés, ils les enferment dans des nattes qui forment des balles de 1 mètre 33 centimètres en carré. Les harengs leur donnent une quantité considérable d'œufs ou de laite, qu'ils préparent d'une manière curieuse : ils saupoudrent de cette laite et de ces œufs de petites branches de pin du Canada, et une longue herbe marine que les rochers submergés produisent en abondance. Cette espèce de kaviar, si je puis me servir de ce terme, se garde dans des paniers ou des sacs de natte, et ils s'en nourrissent au besoin, après l'avoir plongé dans l'eau. On peut le regarder comme leur pain d'hiver, et son goût n'est point désagréable. Ils mangent d'ailleurs les œufs et la laite de quelques autres poissons qui doivent être fort gros, si j'en juge par la dimension des grains. Mais ce kaviar a quelque chose de rance à l'odorat et au goût. Il paraît que c'est la seule nourriture qu'ils préparent de cette manière, afin de la conserver longtemps : car, quoiqu'ils découpent et sèchent un petit nombre de brêmes et de chimères, qui sont assez abondantes, ils ne les fument pas comme les harengs et les sardines.

» Ils grillent les grosses moules dans leurs coquilles ; ils les enfilent ensuite à de longues broches de bois, où ils vont les prendre lorsqu'ils en ont besoin. Ils les mangent sans autre préparation ; quelquefois cependant ils les trempent dans une huile qui leur tient lieu de sauce. Les autres productions marines, telles que les petits coquillages qui contribuent à augmenter le fond général de leur nourriture, ne doivent pas être regardées comme des moyens de subsistance habituelle, en comparaison de ceux dont je viens de parler.

» Le marsouin est l'animal de mer dont ils se nourrissent le plus communément. Ils découpent en larges morceaux le lard ainsi que la chair, et après les avoir séchés comme ils sèchent les harengs, ils les mangent sans autre préparation. Ils tirent aussi une espèce de viande fraîche de cet animal, et leur procédé est singulier : ils mettent de l'eau et des morceaux de cette chair dans un baquet carré de bois, où ils placent ensuite des pierres chaudes; ils y jettent de nouvelles pierres chaudes jusqu'à ce que l'eau et la viande aient assez bouilli; ils en ôtent les pierres dont je viens de parler avec un bâton fendu qui leur sert de pincettes; le vase est toujours près du feu. Ce mets est commun dans leurs repas, et, à le voir, on juge qu'il est fort nourrissant. Ils consomment aussi une quantité considérable de l'huile que leur procurent les animaux marins; ils l'avalent séparément dans un large cuiller de corne, ou bien elle leur sert de sauce pour les autres mets.

» On peut présumer aussi qu'ils se nourrissent de phoques, de loutres de mer et de baleines, car les peaux de phoque et de loutre étaient fort communes parmi eux, et nous aperçûmes un grand nombre d'instruments de toute espèce destinés à la destruction de ces divers animaux. Peut-être toutes les saisons ne sont-elles pas favorables à cette chasse. Nous jugeâmes, par exemple, qu'ils n'en prirent pas beaucoup durant notre relâche, n'ayant vu qu'un petit nombre de peaux et de pièces de viande fraîche.

» Les branches de pin du Canada et d'herbe marine qu'ils saupoudrent de laite de poisson ou de kaviar peuvent être regardées comme leurs seuls végétaux d'hiver.

» La malpropreté de leurs repas répond parfaitement à celle de leurs cabanes et de leurs personnes. Il paraît qu'ils ne lavent jamais les augets et les plats de bois dans lesquels ils prennent leur nourriture, et que les restes dégoûtants d'un dîner précédent sont mêlés avec le repas qui le suit. Ils rompent aussi avec leurs mains et leurs dents toutes les choses solides ou coriaces. Ils font usage de leurs couteaux pour dépecer les grosses pièces; mais ils n'ont pas encore imaginé de se servir du même moyen pour les diviser en morceaux plus petits et en bouchées, quoique cet expédient plus commode et plus propre ne demande aucun effort d'esprit. Enfin ils ne semblent pas avoir la moindre idée de la propreté, car ils mangent les racines qu'ils tirent de leurs champs sans secouer le terreau dont elles se trouvent chargées.

» J'ignore s'ils ont des heures fixes pour leurs repas. Nous les avons vus manger dans leurs pirogues à tous les moments de la journée; mais lorsque nous allâmes reconnaître le village, nous remarquâmes que vers midi ils préparèrent plusieurs baquets de bouillon de marsouin, et je présume que c'est le temps où ils font leur repas principal.

TRAINEAUX AU KAMTCHATKA.

Bien que nous ayons parlé du Kamtchatka dans le voyage d'Asie, nous extrairons ici ces passages de Cook :

« A quelque distance d'Avatcha, nous prîmes des traineaux tirés par des chiens. Sur les neuf heures du soir, nous fûmes éveillés par les hurlements lamentables des chiens, et ce bruit continua tout le temps qu'on employa à arranger notre bagage sur les traineaux. Quand on eut attelé ces animaux, leurs cris se changèrent en un clapissement doux et gai, qui cessa entièrement dès qu'ils furent en marche.

» Un traineau ne porte guère qu'une personne à la fois; celui qui le monte est assis de côté, ses pieds touchent la partie inférieure; ses provisions et les autres choses dont il a besoin se trouvent dans un paquet placé derrière lui. Le traineau est attelé ordinairement de cinq chiens; quatre sont en couples, le cinquième sert de guide. Les rênes ne prenant pas ces animaux par la tête, mais par le cou, produisent peu d'effet; elles flottent ordinairement sur le traineau, et le Kamtchadale ne compte que sur sa voix pour se faire obéir des chiens. Le premier est dressé avec des soins particuliers. La docilité et la constance des chiens de volée leur donne quelquefois une valeur extraordinaire, et j'ai su qu'il n'est pas rare de les payer jusqu'à quarante roubles. Le conducteur est muni d'un bâton crochu qui lui tient lieu de fouet et de rênes; en frappant la neige il vient à bout de modérer la vitesse des chiens, et même de les arrêter. Lorsqu'ils sont paresseux ou inattentifs à sa voix, il les châtie en leur jetant ce bâton; son adresse à le ramasser est alors très remarquable, et forme la principale difficulté du métier. Au reste, il ne faut pas s'étonner que les habitants du Kamtchatka s'exercent à une manœuvre d'où dépend leur sûreté : car ils disent que, s'ils perdent leur bâton, les chiens s'en aperçoivent tout de suite; que, si ces animaux n'avaient pas affaire à un homme ferme et d'un grand sang-froid, ils s'emporteraient et ne s'arrêteraient que lorsqu'ils seraient épuisés de fatigue; que les chiens, ne se trouvant pas épuisés de sitôt, renversent le traîneau, qui est mis en pièces contre les arbres, ou bien ils le jettent dans un précipice, où ils sont ensevelis sous la neige avec le conducteur. Nous aurions bien eu de la peine à croire ce qu'on nous a raconté de leur patience extraordinaire à supporter la fatigue et la faim, si des témoins dignes de foi ne nous eussent pas attesté ces faits. Nous jugeâmes nous-mêmes de la célérité avec laquelle l'exprès qui porta à Bolcherestk la nouvelle de notre arrivée revint au havre de Petro-Pawlowska, quoique la neige fût alors extrêmement ramollie; mais le gouverneur du Kamtchatka me dit qu'en général on fait cette route en deux jours et demi, et qu'il a une fois reçu des lettres en vingt-trois heures. »

CHASSE AUX OURS DANS LE KAMTCHATKA.

« Le 25, j'allai à la chasse aux ours. Lorsque les naturels y veulent aller, ils s'arrangent pour arriver au coucher du soleil sur les terrains que fréquentent ces animaux; ils recherchent ensuite leurs tracés; ils examinent celles qui sont les plus récentes, et qui semblent indiquer la meilleure embuscade. Ces traces sont plus nombreuses sur les sentiers qui mènent des bois aux lacs, et parmi les joncs, les longues herbes et les fougeraies placés au bord de l'eau. Lorsque le lieu de l'embuscade est déterminé, les chasseurs fixent en terre les béquilles sur lesquelles ils pointent leurs fusils; ils s'agenouillent ensuite, ou se couchent par terre, selon que l'endroit où ils se tiennent cachés est plus ou moins couvert, et armés d'ailleurs d'un épieu qu'ils portent à leur côté, ils attendent leur proie. Ces précautions, qui ont surtout pour objet de ne pas manquer leur coup, sont très convenables : d'abord la poudre et le plomb se vendent si cher au Kamtchatka, qu'un ours ne vaut pas plus de quatre ou cinq cartouches; et, ce qui est plus important encore, si le premier coup ne met pas l'ours hors de combat, il en résulte souvent des suites funestes; car l'ours se porte sur-le-champ vers le lieu d'où viennent le bruit et la fumée, et il attaque ses ennemis avec beaucoup de fureur. Il est impossible aux chasseurs de recharger : l'animal est rarement à plus de 12 à 15 mètres de distance lorsqu'on le tire. S'ils ne le renversent pas, ils saisissent à l'instant même leur épieu pour se défendre ; et s'ils ne lui portent pas un premier coup mortel quand il fond sur eux, leur vie est en danger. Si l'ours pare le coup (ce que la force et l'agilité de ses pattes le mettent souvent en état de faire), et s'il se précipite sur les chasseurs, le combat devient alors très inégal, et ils se croient heureux s'il n'y a qu'un seul d'entre eux de tué.

» Il y a une époque de l'année où ce divertissement, ou plutôt ce travail, est surtout dangereux : au printemps, lorsque les ours sortent pour la première fois de leurs tanières, après avoir passé l'hiver sans prendre de nourriture; car on assure universellement ici que ces animaux sont réduits à sucer leurs pattes durant l'hiver. Ils sont très redoutables en cette saison ; si la gelée est forte, et si la glace, qui n'est pas encore rompue dans le lac, les prive de leurs moyens de subsistance, ils ne tardent pas alors à devenir affamés et féroces. Ils ont l'odorat très fin, ils sentent de loin les Kamtchadales, et ils les poursuivent; comme ils rôdent hors de leurs sentiers ordinaires, ils attaquent souvent des malheureux qui ne se trouvent pas sur leurs gardes, et, dans ce cas, les chasseurs du pays ne sachant pas tirer au vol ou à la course, et étant toujours obligés d'avoir leur fusil posé sur un point d'appui, sont assez fréquemment dévorés par ces animaux.

LA PÉROUSE.

Le dernier voyage de Cook n'était encore connu que par la fin tragique de l'illustre capitaine, quand la France, profitant des loisirs de la paix, crut devoir à son rang parmi les nations civilisées de concourir à l'achèvement de la reconnaissance du globe, et de tenter dans cette vaste carrière quelque grande entreprise. Les préparatifs d'une expédition autour du monde furent ordonnés et poussés avec activité. La mission était périlleuse, il fallait pour la commander un homme habile et expérimenté. Le choix se fixa sur La Pérouse, que ses travaux et ses succès constants dans la marine militaire avaient déjà rendu célèbre.

Jean-François Galaup de La Pérouse, né à Albi, en 1741, partit de Brest en 1785. Après avoir visité la Conception, l'île de Pâques et les îles Sandwich, il arriva sur la côte nord-ouest de l'Amérique septentrionale, où il découvrit l'entrée d'une baie profonde qui n'avait encore été vue d'aucun navigateur, et qu'il nomma Port-des-Français. De là, il visita Macao, Manille, le Kamtchatka, les îles du Japon, enfin Botany-Bay. Depuis cette époque, 29 janvier 1788, on n'a pas su ce qu'il était devenu. D'Entrecasteaux, chargé de l'expédition destinée à la recherche de l'illustre navigateur, n'en put trouver aucune trace.

L'ILE DE PAQUES.

« La dixième partie de la terre y est à peine cultivée, dit La Pérouse, et je suis persuadé que trois jours de travail suffisent à chaque Indien pour se procurer la subsistance d'une année. Cette facilité de pourvoir aux besoins de la vie m'a fait croire que les productions de la terre étaient en commun, d'autant que je suis à peu près certain que les maisons sont communes au moins à tout un village ou district. J'ai mesuré une de ces maisons auprès de notre établissement : elle avait 103 mètres de longueur, 3 mètres 33 centimètres de largeur, et 3 mètres 33 centimètres de hauteur au milieu. Sa forme était celle d'une pirogue renversée; on n'y pouvait entrer que par deux portes de 67 centimètres d'élévation, et en se glissant sur les mains. Cette maison peut contenir plus de deux cents personnes. Ce n'est pas la demeure du chef, puisqu'il n'y a aucun meuble, et qu'un aussi grand espace lui serait inutile. Elle forme à elle seule un village avec deux ou trois autres petites maisons peu éloignées. »

HABITANTS DE LA BAIE DES FRANÇAIS.

« Nous avions déjà éprouvé que les Indiens étaient très voleurs ; mais nous ne leur supposions pas une activité et une opiniâtreté capables d'exécuter les projets les plus longs et les plus difficiles. Nous apprîmes bientôt à les mieux connaître.

» Ils passaient toutes les nuits à épier le moment favorable pour nous voler ; mais nous faisions bonne garde à bord de nos vaisseaux, et ils ont rarement trompé notre vigilance. J'avais d'ailleurs établi la loi de Sparte : le volé était puni, et, si nous n'applaudissions pas au voleur, du moins nous ne réclamions rien, afin d'éviter toute rixe qui aurait pu avoir des suites funestes. Je ne me dissimulais pas que cette extrême douceur les rendrait insolents. J'avais cependant tâché de les convaincre de la supériorité de nos armes : on avait tiré devant eux un coup de canon à boulet, afin de leur faire savoir qu'on pouvait les atteindre de loin, et un coup de fusil à balle avait traversé, en présence d'un grand nombre de ces Indiens, plusieurs doubles d'une cuirasse qu'ils nous avaient vendue, après nous avoir fait comprendre par signes qu'elle était impénétrable aux flèches et aux poignards ; enfin nos chasseurs, qui étaient adroits, tuaient les oiseaux sur leur tête. Je suis bien certain qu'ils n'ont jamais cru nous inspirer des sentiments de crainte ; mais leur conduite m'a prouvé qu'ils n'ont pas douté que notre patience ne fût à toute épreuve. Bientôt ils m'obligèrent à lever l'établissement que j'avais sur l'île. Ils y débarquaient la nuit, du côté du large ; ils traversaient un bois très fourré, dans lequel il nous était impossible de pénétrer le jour, et, se glissant sur le ventre comme des couleuvres, sans remuer presque une feuille, ils parvenaient, malgré nos sentinelles, à dérober quelques-uns de leurs effets. Enfin ils eurent l'adresse d'entrer de nuit dans la tente où couchaient MM. de Lauriston et Darbaud, qui étaient de garde à l'observatoire ; ils enlevèrent un fusil garni d'argent, ainsi que les habits de ces deux officiers, qui les avaient placés par précaution sous le chevet. Une garde de douze hommes ne les aperçut pas, et les deux officiers ne furent point éveillés. Ce dernier vol nous eût peu inquiétés, sans la perte du cahier original sur lequel étaient écrites toutes nos observations astronomiques depuis notre arrivée dans le port des Français.

» Ces obstacles n'empêchaient pas nos canots et nos chaloupes de faire l'eau et le bois. Tous nos officiers étaient sans cesse en corvée à la tête des différents détachements de travailleurs que nous étions obligés d'envoyer à terre ; leur présence et le bon ordre contenaient les sauvages.

» Nous avions déjà visité le fond de la baie, qui est peut-être le lieu le plus extraordinaire de la terre. Pour en avoir une idée, qu'on se représente un bassin d'eau d'une profondeur qu'on ne peut mesurer au milieu, bordé par des montagnes à pic d'une hauteur excessive, couvertes de neige, sans un brin d'herbe sur cet amas immense de rochers condamnés par la nature à une stérilité éternelle. Je n'ai jamais vu un souffle de vent rider la surface de cette eau ; elle n'est troublée que par la chute d'énormes morceaux de glace qui se détachent très fréquemment de cinq différents glaciers, et qui font en tombant un bruit qui retentit au loin dans les montagnes. L'air y est si tranquille et le silence si profond que la simple voix d'un homme se fait entendre à une demi-lieue, ainsi que le bruit de quelques oiseaux de mer qui déposent leurs œufs dans le creux de ces rochers. C'était au fond de cette baie que nous espérions trouver des canots par lesquels nous pourrions pénétrer dans l'intérieur de l'Amérique. Nous supposions qu'elle devait aboutir à une grande rivière dont le cours pouvait se trouver entre deux montagnes, et que cette rivière prenait sa source dans un des grands lacs au nord du Canada. Voilà notre chimère, et voici quel en fut le résultat. Nous partîmes avec les deux grands canots de *la Boussole* et de *l'Astrolabe*. Nous entrâmes dans le canal de l'ouest. Il était prudent de ne pas se tenir sur les bords, à cause de la chute des pierres et des glaces. Nous parvînmes enfin, après avoir fait une lieue et demie seulement, à un cul-de-sac qui se terminait par deux glaciers immenses. Nous fûmes obligés d'écarter les glaçons dont la mer était couverte pour pénétrer dans cet enfoncement. L'eau en était si profonde qu'à une demi-encâblure de terre je ne trouvai pas fond à 120 brasses. MM. de Langle, de Monti et Dagelet, ainsi que plusieurs autres officiers, voulurent gravir le glacier. Après des fatigues inexprimables, ils parvinrent jusqu'à deux lieues, obligés de franchir, avec beaucoup de risques, des crevasses d'une très grande profondeur. Ils n'aperçurent qu'une continuation de glaces et de neige qui ne doit se terminer qu'au sommet du mont Beau-Temps.

» Pendant cette course, mon canot était resté sur le rivage; un morceau de glace qui tomba dans l'eau, à plus de 200 mètres de distance, occasionna sur le bord de la mer un remous si considérable qu'il en fut renversé et jeté assez loin sur le bord du glacier. Cet accident fut promptement réparé, et nous retournâmes tous à bord, ayant achevé en quelques heures notre voyage dans l'intérieur de l'Amérique. »

HABITANTS DU PORT DES FRANÇAIS.

Ils sont errants pendant l'été dans les différentes baies, cherchant leur pâture comme les loups marins, et l'hiver ils s'enfoncent dans l'intérieur du pays pour chasser les castors et les autres animaux dont ils nous ont apporté les dépouilles. Quoiqu'ils aient toujours les pieds nus, la plante n'en est pas calleuse, et ils ne peuvent marcher sur les pierres; ce qui prouve qu'ils ne marchent jamais sans pirogues, ou sur la neige avec des raquettes.

Les chiens sont les seuls animaux avec lesquels ils aient alliance : il y en a assez ordinairement trois ou quatre par cabane. Ils sont petits, et ressemblent au chien de berger de M. de Buffon. Ils n'aboient presque pas; ils ont un sifflement fort approchant de l'adive du Bengale, et ils sont si sauvages qu'ils paraissent être aux autres chiens ce que leurs maîtres paraissent être aux peuples civilisés. Les hommes se percent le cartilage du nez et des oreilles; ils y attachent différents petits ornements. Ils se font des cicatrices sur les bras et sur la poitrine avec un instrument de fer tranchant qu'ils aiguisent en le passant sur leurs dents comme sur une pierre. Ils ont leurs dents limées jusqu'au ras des gencives, et ils se servent pour cette opération d'un grès arrondi ayant la forme d'une langue. L'ocre, le noir fumée, la plombagine, mêlés avec l'huile de loup marin, leur servent à se peindre le visage et le reste du corps d'une manière effroyable. Lorsqu'ils sont en grande cérémonie, leurs cheveux sont longs, poudrés et tressés avec le duvet des oiseaux de mer : c'est leur plus grand luxe ; et il est peut-être réservé aux chefs de famille. Une simple peau couvre leurs épaules ; le reste du corps est absolument nu, à l'exception de la tête, qu'ils couvrent ordinairement avec un chapeau de paille très artistement tressée ; mais quelquefois ils placent sur leur tête des bonnets à deux cornes, des plumes d'aigle, et enfin des têtes d'ours entières dans lesquelles ils ont enchâssé une calotte de bois. Ces différentes coiffures sont très variées ; mais elles ont pour objet principal, comme presque tous leurs autres usages, de les rendre plus effrayants, peut-être afin d'imposer davantage à leurs ennemis.

Quelques Indiens avaient des chemises entières de peau de loutre, et l'habillement ordinaire du grand chef était une chemise de peau d'orignal tannée ; bordée d'une frange de sabots de daims et de becs d'oiseaux qui imitaient le bruit des grelots lorsqu'ils dansaient. Ce même habillement est très connu des sauvages du Canada, et des autres nations qui habitent les parties orientales de l'Amérique.

Je n'ai vu de tatouage que sur les bras de quelques femmes. Celles-ci ont un usage qui les rend hideuses, et que j'aurais peine à croire si je n'en avais été le témoin : toutes, sans exception, ont la lèvre inférieure fendue au ras des gencives, dans toute la largeur de la bouche ; elles portent une espèce d'écuelle de bois sans anses qui appuie contre les gencives, à laquelle cette lèvre fendue sert de bourrelet en dehors, de manière que la partie inférieure de la bouche est saillante de deux ou trois pouces. Les jeunes filles n'ont qu'une aiguille dans la lèvre inférieure, et les femmes mariées ont seules le droit de l'écuelle. Nous les avons quelquefois engagées à quitter cet ornement : elles s'y déterminaient avec peine ; elles faisaient alors le même geste et témoignaient le même embarras qu'une femme bien élevée d'Europe dont on découvrirait le front. La lèvre inférieure tombait alors sur le menton, et ce second tableau ne valait guère mieux que le premier.

DUMONT D'URVILLE.

Nous n'analyserons pas les travaux des savants marins qui ont parcouru, depuis le commencement de ce siècle, la carrière qui fut si funeste à La Pérouse; notre cadre est trop étroit pour comporter ces détails. Chaque jour, d'ailleurs, dit un de nos célèbres géographes, la chance des découvertes diminue : les grands traits du monde sont connus; il ne reste plus que des reconnaissances à perfectionner, des détails à étudier. C'est un beau et vaste champ pour toutes les sciences naturelles. Nous ne pouvons que mentionner les noms des Duperrey, des d'Urville, des Laplace, des Cuningham, des Smith, et de tant d'autres intrépides navigateurs qui ont sillonné ces mers dans tous les sens, et jusque sous le 74ᵉ degré de latitude.

DUMONT–D'URVILLE surtout mérite quelques mots de notre part.

Le capitaine d'Urville poursuivit avec ardeur la découverte des traces de l'infortuné La Pérouse. Ce ne fut que vers la fin de décembre 1827 qu'il eut connaissance, à Hobart-Town, des découvertes du capitaine anglais Dillon. Mais les récits qu'on en faisait étaient tellement vagues et incertains qu'il ne savait quel parti prendre. Il parvint, le 10 février 1828, en vue de Tucopia. Dans l'une des pirogues qui accostèrent *l'Astrolabe* se trouvait Martin Bushart, qui dissipa toutes les incertitudes de M. d'Urville. Il promit d'abord d'accompagner les Français à Vanikoro ; il refusa ensuite de tenir sa promesse, et le capitaine fut réduit à emmener avec lui, pour le guider, deux Anglais qui habitaient Tucopia depuis neuf mois seulement, et parlaient un peu la langue de ces naturels.

L'Astrolabe jeta l'ancre le 21. Le premier soin du capitaine fut de chercher à se concilier les naturels ; mais il les trouva mal disposés et fort prévenus contre les Français, qu'ils savaient être les compatriotes des naufragés, et dont ils redoutaient la vengeance. Ils se renfermaient dans un système absolu de dénégations, ou ne faisaient que des réponses évasives. Cependant, quand ils virent que les intentions de leurs hôtes n'étaient point hostiles, quelques-uns finirent par se montrer plus communicatifs et racontèrent tout ce qu'ils surent du naufrage. Voici la version que donne M. d'Urville comme la plus vraisemblable qu'il ait pu adopter en analysant et discutant les différents récits :

« Tout nous porte à croire que La Pérouse, après avoir visité les îles des Amis, et terminé sa reconnaissance de la Nouvelle-Calédonie, avait remis le cap au nord, et se dirigeait sur Santa-Cruz, comme le lui prescrivaient ses instructions, et comme il nous l'apprend lui-même par son dernier rapport au ministre de la marine. En approchant de ces îles, il crut sans doute pouvoir continuer sa route pendant la nuit, comme cela lui était souvent arrivé, lorsqu'il tomba inopinément sur ces terribles récifs de Vanikoro, dont l'existence était entièrement ignorée. Probablement la frégate qui marchait en avant (et les objets rapportés par Dillon ont donné lieu de penser que c'était *la Boussole* elle même) donna sur les brisants sans pouvoir se relever, tandis que l'autre eut le temps de revenir au vent et de reprendre le large ; mais l'affreuse idée de laisser leurs compagnons de voyage, leur chefs peut-être, à la merci d'un peuple barbare, ne dut pas permettre à ceux qui avaient échappé à ce premier péril de s'écarter de cette île funeste, et ils durent tout tenter pour arracher leurs compatriotes au sort qui les menaçait. Ce fut là, nous n'en doutons point, la cause de la perte du second navire.

» Bien qu'aucun document positif et direct n'ait démontré que ces débris ont réellement appartenu à l'expédition de La Pérouse, je ne pense pas qu'il reste à cet égard la moindre incertitude. En effet les renseignements que j'ai recueillis des naturels sont parfaitement conformes, sous les rapports essentiels, à ceux que se procura M. Dillon, et cela sans que nous ayons pu être influencés l'un par l'autre, attendu que je n'eus connaissance de son rapport, à l'île de France, que deux mois après que j'eus expédié le mien au ministre. Ces dépositions ont donc tous les caractères de l'authenticité ; elles annoncent que deux grand navigateurs périrent, il y a quarante ans environ, sur les récifs de Vanikoro ; qu'ils portaient beaucoup de monde. Les naturels se sont même souvenus qu'ils portaient le pavillon blanc. Tout cela, joint aux pièces de canon et aux pierriers apportés, démontre que ces navires étaient des bâtiments de guerre ; mais on sait positivement que, longtemps avant comme après cette époque, nul autre navire de guerre n'a péri dans ces mers que les frégates de La Pérouse. En outre la nature de quelques-unes des pièces rapportées du naufrage montrent qu'elles appartenaient à une mission chargée de travaux extraordinaires. Enfin l'unique morceau de bois rapporté par M. Dillon s'est trouvé coïncider avec les dessins qui ont été conservés des sculptures de la poupe de *la Boussole*. Que de probabilités réunies qui doivent équivaloir à une certitude complète !... »

M. d'Urville, pensant que les hommes échappés au naufrage avaient dû se diriger vers les îles de Salomon, aurait voulu interroger les récifs de cet archipel et poursuivre jusque là ses recherches ; mais l'état déplorable de son équipage, dévoré par la fièvre, dut lui faire abandonner ces généreux projets; il lui fallut songer à quitter au plus tôt ces dangereux parages, et ce n'est qu'avec une peine extrême qu'il parvint à reprendre la mer.

M. d'Urville ne voulut point s'éloigner de cette île funeste sans y laisser un monument qui rappelât à la fois et la catastrophe dont elle avait été témoin, et le séjour qu'y avait fait *l'Astrolabe*. La proposition qu'il en fit fut accueillie avec le plus grand empressement, et tout ce qu'il y avait d'hommes valides à bord se mit à l'œuvre avec une admirable activité. En quelques jours, un modeste monument s'éleva au milieu d'un bosquet de mangliers, et *l'Astrolabe*, en déployant ses voiles, le salua de toute son artillerie.

Aujourd'hui tout le monde peut voir, dans la première salle du musée de marine, au Louvre, un monument d'un autre genre, devant lequel les visiteurs s'arrêtent avec une sorte de saisissement religieux. C'est une pyramide quadrangulaire à laquelle sont suspendus tous les débris rapportés de Vanikoro. Les profondes morsures qu'y a faites la rouille attestent leur long séjour sous l'eau. On y remarque, entre autres objets, la cloche qui surmonte le monument. A la face antérieure, sous un globe de verre, est déposée, au milieu de quelques pièces de monnaie, la poignée d'épée qui mit Dillon sur les traces de La Pérouse, et que l'on suppose avoir appartenu à l'infortuné commandant de *la Boussole*.

Nos lecteurs savent comment ce brave navigateur, cet illustre savant, ce noble d'Urville, après avoir échappé à mille périls sur les mers et chez les peuples sauvages, est mort malheureusement dans les wagons embrasés du chemin de fer de Versailles.

ŒUVRE

DE LA PROPAGATION DE LA FOI.

Après ces longs détails sur tant de peuples presque tous ensevelis dans les ténèbres de la mort, selon la saisissante expression des Ecritures sacrées, quelques mots sur l'œuvre éminemment française de LA PROPAGATION DE LA FOI ne trouvent-ils pas naturellement leur place?

Oui, vous avez vu, jeunes lecteurs, ce qu'étaient et ce que sont encore les mœurs, les usages, les croyances de la plupart des nations du globe. Aussi bien vous comprenez avec quel zèle, avec quel saint dévouement le catholicisme devait venir au secours de créatures en qui la diversité d'origines, de couleurs, de nationalités, de langues, ne l'empêchait pas de reconnaitre et d'aimer des frères.

C'est ce qu'il a toujours fait, et puissiez-vous, cédant à ce sublime empressement, favoriser à votre tour l'extension et les conquêtes de notre foi, communiquer à d'autres les fruits des grâces privilégiées qui vous ont été prodigués si abondamment. Comme le Seigneur ne départit pas au riche des trésors pour les enfouir, lorsqu'il en a joui à sa guise; de même, s'il vous a donné l'or pur de la vérité, ç'a été pour répandre généreusement dans le sein des infortunes cette richesse ineffable dont il a fait vos cœurs dépositaires. Honorez donc ce prosélytisme ! Que des hymnes de reconnaissance célèbrent de toutes parts une telle *philanthropie !*

Vous dirai-je en quoi consiste l'œuvre de *la Propagation de la Foi?* C'est coopérer à la propagation des lumières, de la vraie science ; c'est apporter au peuple les forces et les ressources de la civilisation, la véritable loi, la vraie liberté, le vrai bonheur. Voyez-vous ces vaisseaux partant simultanément des ports de la France, et se dirigeant vers ces côtes qui vous ont été dépeintes ! Qu'apportez-vous ? leur demande-t-on : sont-ce des vins exquis, des tissus précieux, les chefs-d'œuvre de vos mécaniciens et de vos artistes ? Et ils répondent : Nous vous apportons des idées, des sentiments !... Nous avons sur notre bord des hommes qui viennent de 1,500, de 2,000 lieues, pour se mettre en rapport avec votre intelligence et votre cœur ; leur but unique est de planter sur vos pagodes, sur vos mosquées, vos moraïs, vos chaumières, vos pirogues, l'arbre de la croix. Par ce signe auguste, les mœurs s'adoucissent, s'épurent ; les hommes comprennent la justice qui n'est point basée seulement sur le balancement des intérêts et la volonté brutale de ceux qui ont la force en main, mais qui prend sa source et sa lumière dans ce type sublime de la charité. Au nom de ce signe les hommes s'aiment réellement, saintement, non plus par les liens de la nature, qui, tout tendus qu'ils peuvent être, sont pourtant très étroits, parce qu'ils resserrent notre cœur dans un cercle borné d'affections, mais par des liens plus larges, plus profonds, par les liens de l'éternel amour. Adorez ce signe, et vous connaîtrez les consolations de la vertu, la douceur des noms de père, de mère, d'époux, d'épouse, de fils, de frère, les charmes de la paix domestique, le salaire d'une bonne action, le prix des travaux et des souffrances, la félicité qui attend l'homme jusque dans ce séjour éternel où est arboré triomphant le gibet ignominieux qui vit mourir ce Jésus-Christ que nous vous annonçons. Brisez vos fétiches, abattez toutes vos idoles, tous vos temples, tous vos autels, et avec nous tombez à genoux devant CE NOUVEAU DIEU !

En vérité, n'est-ce pas quelque chose de bien extraordinaire que cette nouvelle croisade, cette croisade toute morale, toute pacifique, par laquelle, au dix-neuvième siècle, Dieu veut porter sa grâce jusqu'aux extrémités du monde, pour qu'elle soit appliquée, ainsi que la croix retrouvée du Christ, à la femme moribonde; pour qu'elle soit appliquée aux âmes, et que ces âmes secouent leur lourd sommeil de mort?

Depuis une vingtaine d'années l'œuvre de *la Propagation de la Foi* est établie, et déjà comme elle s'est merveilleusement répandue dans l'univers! Ne peut-on pas dire qu'elle a maintenant des bras dans toutes les parties du monde? Le sang de nos apôtres a coulé, il a abreuvé la terre de la Cochinchine, de la Chine, du Tonkin, de la Corée, de l'Océan, de l'Afrique. Oui, il y a là quelque chose d'immense; il y a là des signes que nous ne pouvons pas interpréter d'une manière complète, mais qui font soupçonner que l'esprit de Dieu va prochainement opérer sur le globe une grande rénovation; surtout si l'on tient compte de la rapidité des voies de communication que produisent à l'envi de tous côtés les bateaux à vapeur et les chemins de fer.

Oh! l'on a eu raison de dire : la France n'a rien de plus admirable que ses soldats, si ce n'est ses missionnaires! Qu'ils sont beaux les pieds de nos frères, s'en allant développer l'activité sociale et individuelle des peuples barbares en naturalisant chez eux toutes les industries qui alimentent et enrichissent une nation, et les beaux arts qui l'ennoblissent et la poétisent; en leur apprenant, au nom du ciel, les devoirs des chefs et des sujets, des pauvres et des riches, etc. Aussi comme le ciel bénit ce dévouement! Il n'y a pas, redisons-le, un quart de siècle que, le bâton à la main, ces héroïques émissaires du Christ ont commencé leurs courses, et il n'est plus de bourgade, de rivage, de désert dont leur voix n'ait éveillé les échos; plus d'erreurs, de vices, de désordres qui n'aient été combattus, flétris, ou même entièrement vaincus.

Pour ne parler que de l'Océanie, combien de choses admirables nous en sont racontées! quel changement! quelles révolutions! toutes les merveilles accomplies au Paraguay s'y renouvellent sous l'influence catholique. Ces peuples grossiers, qui se nourrissaient de sang humain, sont aujourd'hui doux comme l'agneau, obéissent à la parole, se laissent conduire ainsi que des enfants qu'ils sont; car ils sont ignorants de toutes choses. La parole évangélique, en pénétrant dans leurs cœurs, et leur donnant l'instinct de la vérité, et, avec cette parole, la douce charité, a subjugué leurs âmes, et l'instinct féroce qui les inspirait a fait place à la mansuétude : ils nous suivent dans les voies de la civilisation. La croix se promène triomphalement à travers cet océan nouveau, et tous comprennent qu'il n'y a plus ni libres ni esclaves, mais que nous sommes tous frères, régénérés par J.-C., parce que son sang a tout relevé, tout sanctifié.

Puissions-nous bien comprendre en effet, puissent les gouvernements comprendre enfin que c'est la religion, et non le fer et le feu, qui change les intelligences et les cœurs !

Allez donc, nobles successeurs de François Xavier, quittez votre patrie, vos biens, franchissez les montagnes neigeuses, traversez les fleuves, les torrents et les mers, allez répandre la parole de vie sur les terres infidèles ! Et tandis que vous instruirez le sauvage dans sa cabane, au milieu de ses déserts ou de ses glaçons; tandis que vous offrirez le saint sacrifice sur un autel de feuillage, improvisé sur le rocher abrupte ou sur les troncs de la forêt séculaire, nous vous soutiendrons de nos offrandes et de nos vœux. Nous nous associerons à tous vos labeurs, à tous vos triomphes. Nous bénirons et nous mouillerons toujours de nos pleurs les pages de vos *Annales* immortelles, de cette espèce de continuation des *Actes des Apôtres,* écrites avec tant d'amour et de foi, qui nous transmettent chaque mois les détails de vos héroïques efforts, de vos souffrances, et du martyre qui vient d'ordinaire les couronner !

TABLE DES MATIÈRES.

www.ingramcontent.com/pod-product-compliance
Lightning Source LLC
Chambersburg PA
CBHW060023100426
42740CB00010B/1577